テレビは見てはいけない

脱・奴隷の生き方

苫米地英人
Tomabechi Hideto

PHP新書

はじめに――テレビという「洗脳装置」

もう三十年近く前ですが、『西部警察』という刑事ドラマがありました。石原裕次郎をはじめ人気スターが大勢出ていましたし、最近もリバイバルで続編やコマーシャルが放映されていましたので、ご存じの方も多いでしょう。

私も当時このドラマが好きでよく見ていましたが、何度か視聴しているうちに、番組が始まって五分も経てば、だれが犯人で、だれが味方なのか、すぐにわかるようになってきた。

その判断材料となったのは、登場人物が運転していた「車」です。

番組のスポンサーに某自動車メーカーがついていて、そのメーカーのものではない車に乗っている人物は絶対に悪者で、スポンサーの車に乗っていたら絶対によい人物だと決まっていたのです。

この番組を見つづけている視聴者は、知らず知らずのうちに「このメーカーの車に乗っている人はよい人物」と刷り込まれることになっただろうと思います。

これと同様に、最近のテレビ業界では「プロダクト・プレイスメント」と呼ばれる広告手法がはやっています。『西部警察』の車のように、番組内でさりげなくスポンサーの商品を映し出し、視聴者には宣伝広告だと気づかせずに商品の性能や特徴をアピールするというものです。

最近、テレビ番組をハードディスクレコーダーに録画して、早送りしながら番組を見る人がふえてきました。当然のことながら、番組と番組のあいだのコマーシャルがスキップされることになります。

スポンサーにとっては、高額な費用をかけて制作したコマーシャルが見られないわけですから、たまったものではありません。そのためプロダクト・プレイスメントのほうが従来のCMよりも効率がよく、確実に商品の情報を消費者に伝えられる広告手法だと認識され、どんどんとふえる傾向にあるのです。

しかし、この手法には危険な側面があります。見る人にコマーシャルであるとはっきりと明示せずに一定の価値観を埋め込んでいく広告の手法は、まぎれもなく「洗脳」と同一原理に則《のっと》った行為だからです。

おそらく番組の制作者もスポンサーもそこまで意図してはいないと思いますが、脳科学的な観点から考えれば、プロダクト・プレイスメントという広告手法は「洗脳そのもの」といっても過言ではないでしょう。

現代の日本人は、受け手も送り手も気づいていない、こうした「テレビによる洗脳」に子どものころからずっとさらされつづけています。

CMに映し出される魅力的な商品、芸能人たちが着ている華麗なファッション、番組に出てくる著名人が住んでいる高級マンション、有名店のシェフが調理する豪勢な料理……。毎日、何時間にもわたってテレビはそうしたものを映し出し、「こういうモノを手に入れましょう」「こういう生活をしましょう」と、視聴者の欲望をかきたてようとしています。

よく考えてみてください。

はたしてそれらの商品は、ほんとうにあなた自身が欲しいと思っているものですか？

多くの人たちにとって、ほんとうに必要なものなのですか？

私は正直、違うだろうと思います。

ちょっと前に「KY」（空気が読めない）という言葉が一時マスコミをにぎわせました。言葉そのものはあっという間にすたれてしまった感がありますが、いまでもなお、いえ、はるか昔から、「空気を読む」ことが日本社会では美徳とされてきたことに変わりはありません。

しかし「空気を読む」行為が、これほどまでに言葉の暴力と化して強制されるようになったのは、ここ最近のことです。「そのとき、その場の空気を読んで正しい行動をしなければならない」と、他人と同調することを最優先する価値観を日本人に植えつけてきたのが、まさしくテレビを筆頭とするマスメディアだったのではないでしょうか。

テレビをはじめとするメディアの「洗脳」によって、自分が生きるほんとうの目的を見失ってしまったり、他人に植えつけられた価値観や目標に縛られている人が、いまの日本には圧倒的に多い。

私は長年、脳機能学者として心と脳の関係を研究してきました。その成果を活かして、現在では「洗脳」と「脱洗脳」の原理（両者は同じものの表裏です）を応用した自己教育プログラムを開発し、拙著の多くでその考え方を紹介してきました。一人でも多くの人に、「自分が生きるほんとうの目的」を見つけ出し、充実した人生を送ってもらいたいと考えているからです。

同時に私は現在、経営するコグニティブリサーチラボで次世代の映像メディアである「キーホールＴＶ」というサービスを開発・提供したり、また私自身がオーナーとなって、メディアと政治をウォッチする雑誌『サイゾー』の発行などを行っています。

さらにはテレビ局に対して、番組のアドバイスや企画のプロデュースなども行っており、メディアに深くかかわっています。いわばメディアの正と負の両面を当事者として知る立場にあります。

本書はそうした私自身の経験をもとに、「メディアと脳」という視点から、どうすればメディアの「洗脳」から解放され、自分自身の人生を取りもどすことができるのか、できるかぎりわかりやすく説明することを心がけてまとめました。

この世に、読まなければならない「空気」など本来ありません。

他人という「ドリームキラー」の洗脳から脱して、本来の自分の目標に邁進《まいしん》する人が、本書をきっかけに一人でもふえることを願います。

二〇〇九年八月

苫米地英人

テレビは見てはいけない

目次

第1章 テレビは見てはいけない

第2章 脱・奴隷の生き方

第3章 日本人はなぜお金にだまされやすいのか

第1章

テレビは見てはいけない

視覚情報は最強の洗脳媒体

人間の脳の後ろ側三分の一には、「視覚野《や》」と呼ばれる部位があります。脳の中でもいちばん大きな部分で、人はそこで、眼球から入ってきた視覚情報を処理しています。脳に占める大きさからもわかるとおり、視覚は人間にとって、もっとも重要な情報です。それは昔、人類が文明をもつはるか以前より、視覚から入ってくる情報が生き残るためには非常に大きな意味をもっていたからです。

たとえばライオンやピューマのような、人間の天敵であった獰猛《どうもう》な動物と対峙《たいじ》したときに、その動物がお腹を空かせて怒り猛《たけ》っているのか、それとも満腹になって穏やかな状態でいるのか、顔の表情のほんのちょっとした筋肉の動きだけで判断がつかなければ、サバイブすることはできません。そのようにして人間の脳は、微妙な外部の視覚情報の変化を正確に判断できるように、いつしか訓練されてきたのです。

私たちが認識する「宇宙」も、人間の情報処理をもとにつくられています。聴覚、嗅

ANGRY?
or
HUNGRY?
HUNGRY!!
サッ

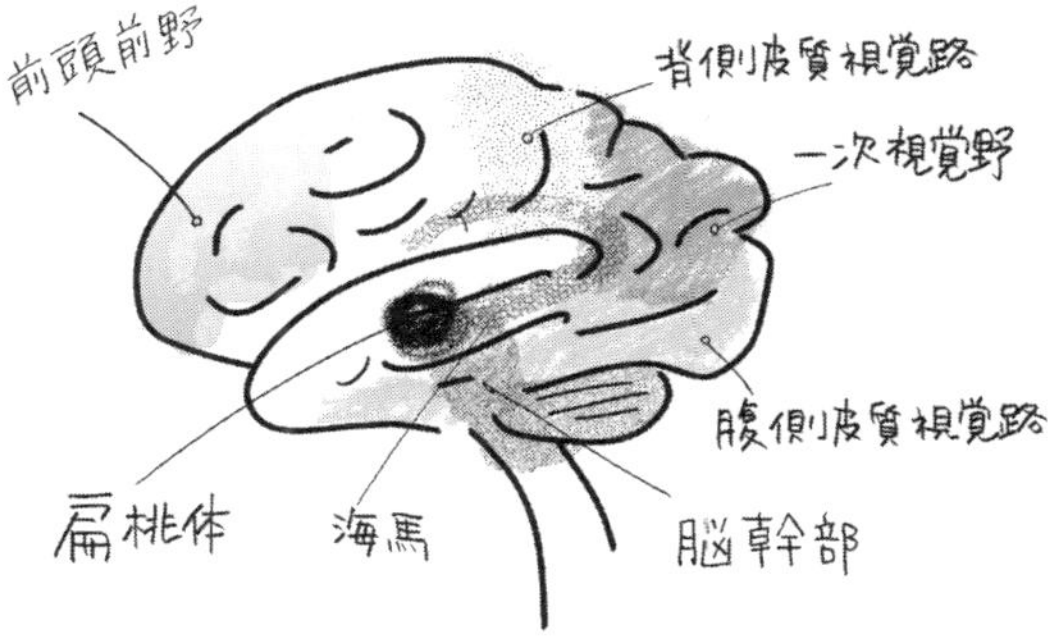
前頭前野
背側皮質視覚路
一次視覚野
腹側皮質視覚路
扁桃体
海馬
脳幹部

覚、触覚、味覚から得られる情報にくらべて、圧倒的な量を誇るのが視覚による情報ですので、人間の感じる「宇宙」はおもに視覚からつくられるのです。

二十世紀になって発明され、第二次大戦後に急速に普及したテレビは、そうした人間の視覚情報に強力に働きかけることのできるメディアでした。そのため新聞やラジオなどほかの媒体にくらべても、圧倒的な影響力をこれまで保ちつづけてきました。

いまやテレビは、私たちの日常生活のなかに完全に溶け込み、切っても切り離せない暮らしの一部となっています。私たちは毎日テレビから、天気予報などの生活情報を得て、政治の最新動向を知り、ドラマやバラエティ番組を楽しんでいます。インターネットの普及によりテレビ離れが指摘されていますが、いまでもなお多くの人々にとってなくてはならないメディアの筆頭がテレビであることはまちがいありません。

テレビはつくり手と受け手がともに「進化」してできた

そうしたテレビが歩んできた歴史は、番組のつくり手と見る側が、いっしょになって進化してきた歴史であるといえます。ここでいう「進化」とは、テレビの世界に存在する「約束事」をともにつくりあげてきたという意味です。

たとえば、お笑い番組で芸人が「ここが笑いどころです」とわかりやすいオチで合図を出す。するとそのタイミングで、スタジオで見ている観客の多くが練習したかのように声をあげて笑う。テレビを見つづけていれば、いつの間にかそうした「約束事」に従う「訓練」を受けているわけです。

番組のつくり手も、「視聴率を取るためには、このタイミングでギャグを入れればいい」という勘どころがわかっています。私の友人に安達元一という売れっ子放送作家がいて、いまいっしょに仕事をしているのですが、彼はそういった技を知りつくしています。

彼ほどのレベルになると、「このタレントとこのタレントをこのテーマで組み合わせれば視聴率は何パーセントになる」と事前に設計できてしまうほどです。

このようにテレビは、つくり手と視聴者がワンセットで進化してきた結果、メディアの王様としての地位を確立することが可能となった。そういう意味で、視聴者もいっしょになってテレビをつくりあげてきたといえるでしょう。

小説で一〇〇万部は大ベストセラーですが、映画やドラマ、アニメなどの大ヒット作品は、一〇〇〇万単位の人が目にします。テレビの場合、一パーセントの視聴率でも一二〇万人ですから、そもそも小説のような書籍とは桁が違うわけです。

これらの映像メディアが膨大な視聴者を生み出しやすいのは、とりもなおさず、それが「視覚情報」だからです。視覚情報は文字情報にくらべて、一瞬で圧倒的なリアリティを感じさせることができるため、猛烈なスピードで広がっていくことが可能となります。

脳の中の「臨場感空間」

人間は脳の進化によって、テレビに映し出される映像を見て、頭の中で仮想空間を感じることができるようになっています。そして人間の脳は、その仮想空間に対して、物理的な空間に対するときとほぼ変わらない臨場感を得ることができるのです。

たとえば怖い映画を見て、心臓がドキドキしたり、手に汗を握ったりするのは、脳が仮想空間に対して、後述するように、物理的現実世界と同様のホメオスタシスを維持して、それに対するフィードバックを起こしているということなのです。

人間がメディアを見て臨場感を感じられるようになるためには、必ず「訓練」が必要となります。たとえばアメリカのコミックと日本のマンガでは、コマ割りの仕方や一コマにどれだけの情報を詰め込むかなどで大きな違いがあります。

そのため日本のマンガをアメリカ人の子どもに読ませても、最初は読み方がわからないので、楽しむことができない。

しかし少しでも訓練すれば、ほぼだれでも読み方を習得することができます。いまではアメリカをはじめ世界じゅうに日本のマンガファンがいますが、彼らもみな「訓練」の結果、マンガの読み方を習得したわけです。

同様に、日本の子どもたちは幼少時からテレビを見ることで、日常的にテレビの見方を訓練され、学習しています。

テレビの出現以前であれば、そのような脳内の仮想空間に臨場感を感じて涙を流したりするのは、一部の文学好きの少年少女くらいだったでしょう。いまの子どもと昔の子どもの大きな違いが、この脳内の仮想空間に対する感性の違いにあると私は考えています。

このように、その場にいるような強い臨場感を感じられる空間のことを「臨場感空間」と呼びます。それは必ずしも、物理的な空間のことだけを指しません。自分の脳の中で感じられる、頭の中のイメージ空間が臨場感空間なのです。

人間はみな臨場感空間の中で生きています。そして進化の過程で、他者と臨場感空間を共有することができる能力を身につけてきました。

それを可能にしたのがメディアです。メディアは「媒体」と訳されます。現代ではテレビやインターネット、新聞や雑誌などがメディアの代表ですが、古代から続くものとしては演劇や物語、音楽などもメディアととらえることができます。

そして人はメディアを媒介にすることで、他人と「臨場感」を共有することができるように発達していったのです。

洗脳とは「内部表現」の書き換え

テレビは映像を中心に、人間の視覚情報に訴えかけることが可能なメディアです。しかも同時に何千万人もの人に対して、同じ情報を与えることができる。だからこそ「洗脳装置」として、非常に優秀な存在になったといえます。

どうしてテレビによって洗脳が可能になるのか、簡単に解説します。

人間の体は、暑さを感じれば意識しなくても汗をかきます。汗が蒸発したときの気化熱によって、体を冷やそうとするためです。反対に寒くなれば、勝手に体がガタガタ震えて熱を生み出し、体を温めようとします。呼吸や瞬《まばた》き、心臓の鼓動なども、私たちが意識せずとも周りの環境変化に合わせてスピードや深さを調整しながら、勝手に動いています。

このように温度や湿度といった外部の環境変化が起こっても、生命を同一の状態に維持するために自動的に体が反応することを「ホメオスタシス」（恒常性維持機能）と呼びます。

重要なのは、このホメオスタシスが脳の進化により、外部の環境変化に対応するだけではなく、意識の内部変化にも対応するようになっていることです。

人間は、カレーを食べれば「辛い！」と思ったり、恋人と楽しい時間を過ごしているときは「幸せだなあ」と感じるといったように、つねに意識の中で「表現」しています。これを心の内部の表現という意味で「内部表現」と呼びます。

怖い映画を見て主人公に感情移入しているときは、「怖い」という内部表現が自分の意識に書き込まれている。すると体はその内部表現に反応して、ホメオスタシスのフィードバックが起こり、脈拍が速まったり、手のひらに汗をかいたりします。

小説を読んで感動し、涙を流したりするのも同じことです。

人間は脳の進化の結果、物理的な空間の変化だけでなく、自分の心の中の変化においてもホメオスタシスが働くようになっているのです。

洗脳という行為をひと言で説明するなら、人間の内部表現を書き換えることによって、「ホメオスタシスの状態を変える」こと。

ドキドキドキ
ドキドキ
ドキドキ
手に汗
脈拍UP!

ほとんどの人は「死ぬのはイヤ」「痛いのは嫌い」というホメオスタシスをもっていますが、自爆テロの実行犯は、洗脳によって「死後の世界はすばらしい」というように内部表現が書き換えられてしまっているので、死を恐れることなくテロに向かうのです。

洗脳者は、洗脳対象の内部表現をすべて書き換えて、自分に都合のよい行動を進んで起こすように仕向けます。つまり、ほんとうにうまくいった洗脳は、洗脳された側も幸せなのです。

テレビは私たちの心の中に、臨場感を感じる空間をつくりだします。そしてその空間に、映像と音声を介して絶え間なく情報を書き込んでいく。その情報が私たちの内部表現に変化をもたらし、自分が感じている空間の認識を変えさせて、結果的に自分自身をも変化させてしまう。

だからこそいまの世の中では、テレビが最高の洗脳装置なのです。

テレビによく出る政治家が当選するのはなぜか

テレビというメディアがたいへん優れた洗脳装置であることをわかりやすく証明してくれるのが、「政治」であり「選挙」です。

ここ最近、マスコミで話題となることが多い政治家を見ると、それは明らかでしょう。「茶髪の弁護士」としてテレビ番組『行列のできる法律相談所』によく出ていた大阪府の橋下徹知事、元たけし軍団のタレント「そのまんま東」だった宮崎県の東国原英夫知事、そして二〇〇九年の千葉県知事選挙では、かつて人気俳優だった森田健作氏が知事に当選しました。

彼らがその経歴のなかで、いっさいテレビに出ずに、いまと同じ政治的主張、政治的知識をもって立候補したとしたら、はたして当選していたでしょうか?

私は三人と直接の面識がなく、どういう人たちかくわしくは知らないのでフェアな評価はできませんが、おそらく当選するのが相当に難しかったことはまちがいないでしょう。つまり彼らが選挙において、対立候補に大差をつけて当選することができたのは、ひとえにテレビに出演していたからなのです。

テレビで姿を目にする人物に対して、視聴者は自然と好意を抱くようになっているのです。

視聴者はなぜテレビに出ている人を好きになるのでしょうか。

その理由が「ストックホルム症候群」と呼ばれる現象にあります。

人間は臨場感空間を共有することによって、互いに対する共感が高まることがわかっています。その有名な事例が「ストックホルム症候群」という言葉のもとになった事件です。

一九七三年スウェーデンのストックホルムで銀行強盗が起き、複数の人質をとって犯人グループが立てこもりました。一週間後に犯人たちは人質を解放しますが、その人質たちは解放後、世間を驚かせます。彼らは自分たちを監禁した犯人をかばい、彼らを逮捕した警察に対して反感を表明したのです。さらにその後、人質の一人は、なんと犯人の一人と結婚までします。

この事件では、犯人と人質が懇意になっただけでなく、人質どうしも非常に仲良くなったそうです。その原因は、心理学用語で「ラポール」と呼ばれる感情が生まれたことにあります。

STOP!
POLICE

ラポールとは「心の架け橋」という意味で、人間関係において相互に信頼し合っている感情のことを指します。人質たちと犯人は、銀行強盗の現場という、非日常の強い緊張感をともなう臨場感空間を共有したことで、そこにいた人どうしのあいだに強い感情の同調が起こったのです。

犯人と人質は、支配・被支配の関係性に長時間置かれていました。人間は自分のいる臨場感空間を支配している人に対して強いラポールをもつ傾向があり、それを私は「ハイパーラポール」と名づけていますが、人質が銀行強盗を好きになってしまったのも、まさにハイパーラポールが生まれたことが原因なのです。

もうおわかりでしょう。現代人の生活において、臨場感空間を支配する人の姿をよく目にする場所こそがテレビ番組なのです。ドラマの主人公、バラエティ番組の司会者、人気アイドルグループのリーダー、プロ野球チームの監督など、テレビに映し出される空間を支配するそうした人々は、さまざまな好感度調査でも非常に人気が高く、つねに上位に位置します。

テレビによく出ていた人が、選挙に出馬すると多数の票を獲得する理由は、視聴者がその人に対して知らず知らずのうちにハイパーラポールを抱いたからにほかなりません。これもテレビによる「洗脳」の一種といえるでしょう。

政治家はテレビに出るな

テレビを政治に利用することに関しては、ご承知のようにアメリカがたいへん進んでいます。

かつてロナルド・レーガンが大統領選挙に出馬したときに、たいへん効果的にテレビを使い勝利しました。それ以来、アメリカの大統領選では、テレビをはじめとするメディア戦略が結果をかなり左右することが常識となっています。そのことがわかっているからこそ、アメリカの政治家はツールとしてメディアをいかに利用するか、頭を悩ませているわけです。

日本でも数年前に、当時の小泉純一郎首相がたいへんうまくテレビを利用して、国民的人気を得ました。「ワンフレーズ・ポリティクス」などと呼ばれましたが、「感動した！」「改革なくして成長なし」などの歯切れのよい短い言葉をテレビ電波に乗せることで国民に周知させ、実際の中身のくわしい説明は抜きにして好意的なイメージをつくりあげることに成功しました。

最近では、政治家の世襲問題がマスコミをにぎわせましたが、小泉元首相の息子も議員に立候補し、そしてその姿をまたテレビメディアが報道したものです。

私がもし日本のテレビ放送を指導する立場にいる人間、たとえば総務大臣だったとしたら、「テレビに出た人は向こう三年間、選挙に出てはいけない」といったルールをつくるでしょう。

政治家は票を取りたいから、毎日のようにテレビに出ようとします。これは国民に誤った選択をさせる可能性があります。それこそ総務省かどこかで政治家のテレビ出演を禁ずるべきだと思うのですが、現状はまったくその逆です。

「立候補したい人は向こう三年テレビに出てはいけない」と公職選挙法に書くべきだと私は考えています。

「キーホールTV」がもたらすインパクト

私が経営するコグニティブリサーチラボでは、「キーホールTV」という名の、世界初「P2Pインターネットテレビ」のサービスを数年前から提供しています。これは、インターネットにつながっているパソコンさえあれば、世界のどこにいても動画映像を受信でき、さらにウェブカメラとマイクがあれば、自分自身が放送局となって、リアルタイムで世界じゅうに映像を配信できるシステムです。

最新版ではアップルのiPhoneにも対応していますので、将来的にはカメラつき携帯電話一台で、「だれでも放送局」になれるサービスになります。

たとえば地方の中学校の野球大会を、スタンドにいる人が携帯電話で撮影して世界に放送することができるわけです。そのほかにも使い方しだいで、さまざまな用途に広がっていくでしょう。

このサービスを利用するには、無料のソフトをダウンロードするだけ。ほとんどなんの手間もかかりません。これまでインターネットでテレビ放送を見るためには、電波を受け取るためのチューナーをつける必要がありましたが、キーホールTVにはその必要がまったくないのです。

このようにキーホールTVは、放送・通信の世界に革命的なインパクトをもたらす可能性をもつサービスですが、いったいなぜ私がこうしたサービスを開発することになったのか、それをお話しすることで、いまのメディアの問題点が浮き彫りになるのではないかと思います。

P2P（ピアツーピア）とは簡単にいえば、「ネットワークにつながったコンピュータが、それぞれ対等の関係でデータを相互にやりとりする通信方式」のことをいいます。情報を発信するのは個々の一般市民になりますので、テレビ局や新聞社といった巨大な組織が中心にいて、放射状に情報を発信するいまのメディアの仕組みとは根本的に発想が違います。

キーホールTVを開発した理由には、二つのモチベーションがありました。

もともとはP2Pの研究のために始めたのがきっかけです。ブロードバンドを普及さ

だれでも放送局
NEWS
NET
キーホール
TV

せ、いまのテレビと同じ画質の動画をインターネットで配信しようとすると、従来のMPEG2方式では一秒あたりに一〇メガビットのデータを送る必要があります。一〇万人の人々にその動画を配信しようとすると、一ペタバイトの膨大な通信量を支えるネットワークが必要となる。

これを「ブロードバンド・ボトルネック」と私は呼んでいますが、十年前にはすでにそのような状況が私には予測できていました。

そのため当時から、私は「コンテンツを一カ所に集めてはいけない」と主張していました。あるコンテンツがあって、みんながそこに集まるという発想では、ブロードバンド化は達成できない。発信者がコンテンツごとに、または制作会社ごとに発信してくれれば、ネットワークに負荷がかかりすぎる事態は避けられます。

「将来のブロードバンド・ボトルネックを解消するにはP2Pしかない」

そう考えた私が二〇〇二年に予算を国に申請したところ、無事に通り、総務省の肝いりで始まった事業の延長線上にあるのがキーホールTVなのです。

日本のテレビは三秒遅れで放送される

私が開発したキーホールＴＶでは現在、民放キー局のテレビ番組をすべて見ることができます。私が意図してそうしているのではなく、だれかが勝手に放送しているのですが、これは本人と家族以外が視聴すると、テレビ局の著作権侵害にあたる可能性がありますので、そういったことはしないようにと注意を呼びかけています（ただし、デジタル波の再送信は厳しく取り締まっているので、同時再送信を止めていないのはアナログ波のみ。もちろん著作権者からクレームがあれば、すぐに止めています）。

ただ、本音は違います。

じつは私は、著作権侵害でテレビ局から訴えられるのをじっと待っています（笑）。もし訴えられれば、法廷という公の場で、現在、日本の国民がさらされている「潜在的な危険」を白日の下にできるからです。その危険とは「三秒間の遅延」です。

あまり知られていない話ですが、日本のテレビ放送では、現実に起こっている出来事が放映されるまでに三秒前後の遅延があるのです。

ミサイルが飛んできた、地震が起こった、といった緊急ニュースを報道するまでに三秒間の遅れがある。緊急時に全国民へ避難を呼びかける手段として、この三秒の遅れは致命的です。国民の生命を危険にさらすことにほかなりません。MPEGを利用した現行の仕組みでは、この遅延は解決不可能なのです。

キーホールTVではその遅延を、インターネットそのものの遅延である〇・五秒まで短縮することに成功しましたので、災害時の緊急放送手段としても圧倒的に優れていると自負しています。

また、だれでもテレビ局になることができるというのは、本来マスコミの大きな使命であった「権力の監視機関」という役割を、国民一人ひとりが担えるようになることを意味します。

一人ひとりの人権を守る意味で、キーホールTVが果たす役割はとても大きい。かつて私はオウム真理教の信者の脱洗脳に携わったことがきっかけで、警察の一部に嫌がらせを受けていたことがありましたが、その際、目の前で違法とも思える取り締まりが行われたことが幾度となくありました。それを録画してインターネットに流せば、大きな話題になったにちがいありません。

私の友人であった映像ジャーナリストの長井健司が、二〇〇七年に取材先のミャンマーで軍の兵士に撃たれて殺されましたが、その映像はインターネットを通じて世界じゅうに流されました。ミャンマーの軍事政権が人民に対して行っている弾圧のひどさは、どれだけ彼らが抑圧しようとしても、映像によって次々に暴かれつつあります。

ミャンマーだけではありません。いまもなお世界じゅうで人権侵害が起こっています。そのときに街角でリアルタイムにこのカメラを使って全世界に放映することができれば、ものすごく強力な第四の権力となるはずです。

全世界に瞬時に伝わってしまうとなれば、国家の「暴力装置」でもある軍や警察が、恣意《しい》的に逮捕したり国民に暴力をふるったりといったことはできなくなるでしょう。

キーホールＴＶのような「だれでもテレビ局となりうる」システムによって、まさに哲学者ミシェル・フーコーがかつて主張した相互監視装置（パノプティコン）ができあがり、世界が少しずつでも平和になる可能性が高まるのです。

グーグルの弱点は「電力」

キーホールＴＶのようなＰ２Ｐのメディアは、世界を変えていく大いなる可能性をもっています。その理由の一つが、いま説明してきたような「リアルタイム性」です。

インターネットの動画サービスといえば、ユーチューブがいまのところ優勢ですが、ユーチューブの弱点はデータ形式がＭＰＥＧ方式のため、リアルタイム生放送ができないところにあります。放送するためには、グーグルが所有するサーバーにデータを落とさなければならないので、時間の上限も十分と決まっています。

それに対しキーホールＴＶは、データを受信しながら再生可能な、次世代技術によるリアルタイム・ストリーミング放送のため、生で時間無制限に放送できる利点があります。将来このサービスを売却すれば、時価総額数十兆円になる可能性すらもつ画期的な技術なのです。

ユーチューブを傘下に収めるグーグルが抱えている最大の問題は、Ｐ２Ｐではないことです。私はよく「次にグーグルを買収するのは私だ！」といろいろな人に公言しているのですが、これは冗談でもなんでもない。グーグルという企業は「電力」というボトルネックを抱えているのです。

これまでの人類の歴史ではつねに、ある技術はその限界効用を迎えて、次の技術に移り変わっていきました。トヨタや日産、ＧＭ（ゼネラルモーターズ）といった会社がマイクロソフトに勝てなかったのは、物理的にモノを生産するという行為の限界が訪れたからです。マイクロソフトのビジネスモデルでは、最初にソフトをつくるのはたいへんですが、一度つくってしまえば、その情報をＣＤに焼きつけて大量に売りさばくことができた。

ただしそのマイクロソフトも、グーグルの登場で一気に古くなりました。「ＣＤを焼いて箱に入れて売る」という物理空間での商取引がマイクロソフトのビジネスを支えていたからです。グーグルのビジネスは、サーバーにアクセスした人に回線を通じてデータのデジタルコピーを渡すだけですから、物理空間の制限をいっさい受けません。だからこそグーグルはわずか数年で、インターネット・ビジネスの世界で覇者となりえたのです。

しかし、そのグーグルにも限界効用があります。それが電力です。

アメリカでは二〇〇〇年から二〇〇五年のあいだに、データセンターの電力消費量が二倍になったそうで、そのほとんどがグーグルのサーバーに使われたとささやかれています。グーグルが世界じゅうの人々にもたらした利便性は非常に大きなものですが、その裏側でとてつもない電力を使用しているのです。

あなたの銀行データはアメリカにある

グーグルをはじめ多くのアメリカ企業が利用している世界最大のデータセンターは、極秘ですが、アメリカ北部の巨大な二つの水力発電所のダムのあいだにあります。じつはそこには、イスラエルの全国民の住民基本台帳と、なんと日本のメガバンク二つの顧客データも入っています。

そこをテロリストに狙われると、各政府の重要データや日本のメガバンクの顧客データが消えてしまいますので詳細な場所はいえませんが、衛星写真で上空から見ると、妙に砂漠が四角く平らになっているので見る人が見ればわかります。

なぜグーグルはそこにサーバーを置いているのか。電力を確保するためです。再生可能なクリーンエネルギーを得るためです。アメリカは日本と違って、電力会社どころか発電所ごとに電気の値段を決めていいことになっているので、二つの水力発電所の安いほうから、グーグルはその時々で電気を買っているのです。

まさか自分の銀行のデータがアメリカにあるとは、日本人のだれも想像しないでしょう。アメリカと日本のあいだはいま光ケーブルでつながっていて、数十から数百ミリセカンド（一〇〇〇分の一秒）単位の遅延時間で通信できます。これは日本国内での通信速度とほとんど変わりません。アメリカにデータを置いておいても、なんの支障もないのです。

イスラエルの住民基本台帳があるのも、そこが世界でもっとも安全な場所だと考えられるからです。もともとユダヤ人には人種的な特徴があるわけではなく、世界じゅうに離散していたユダヤ人が集まって築き上げたのがイスラエルという国家です。

ですから、もしものことがあって、イスラエルという国が失われてしまったとしても、アメリカに保管されているデータさえあれば、イスラエル国民であることが証明できる。彼らの資産がデータとして残されていて、世界じゅうに家族はいるわけですから、その台帳があればいつでもお金が下ろせるわけです。ユダヤ人は昔から金融の世界で強い力を発揮してきましたので、全世界の富のかなりを占めるデータがアメリカのその場所に管理されていることになります。

さて、グーグルの限界効用は、大きくなる一方の超巨大なサーバーを自前でもたなければならないことと、その運用に莫大な電力を消費すること。

そしてP2Pは、その二つのどちらも必要としないのです。電気代は各家庭が支払ってくれる。データを記憶するメモリーも各パソコンに分散している。P2Pにはグーグルのような限界効用が働かないのです。だからグーグルを追い落とすのはP2Pしかない。「グーグルを買収するのは私だ!」というのもまんざら冗談ではないのです。

そのアメリカの独占的サーバー会社のオーナーは私の親しい友人です。先日、渡米した際に彼と会って経済論議をしていたところ、「日本のメガバンクの一つがまだウチの顧客ではないので、口説いてくれないか」と頼まれました。「セールスマンじゃないんだから」と断りましたが、それはさておき、日本国民の銀行データの三分の二はそのデータセンターにあるのです。

これは非常に大きなリスクです。もしテロリストがそこを核攻撃したら、すべてのデータが失われてしまうのですから。一カ所に貴重なデータを集めれば、そうしたテロや事故のリスクが飛躍的に高まります。

P2Pの場合、各データはすべてバラバラの場所に存在します。世界で最初期の一九八〇年代に、イェール大学大学院計算機科学科で超並列処理によるP2Pの研究を始めたのは私ですが、日本のみならず全世界のナショナルセキュリティを達成するにはP2Pしかないと、いまでは思っています。

メディアをウォッチするメディア

私はキーホールTVのほかにも自分が経営するメディアを所有しています。『月刊サイゾー』という雑誌です。最近ではセブンイレブンなどのコンビニエンスストアにも置かれるようになりましたので、ご覧になったことがある人も少なくないでしょう。

『サイゾー』はもともと、インターネット黎明《れいめい》期時代の雑誌としてよく知られる『ワイアード日本語版』の編集長だった小林弘人君が、独立して十年以上前に創刊した雑誌です。現在は当時の『ワイアード』でアルバイトをしていた揖斐憲君が『サイゾー』の編集長をしています。

揖斐君と私とのつきあいは長く、『ワイアード』のときから私の担当編集者でした。小林君が『サイゾー』を売りに出すにあたって私に声をかけてくれたので、「揖斐君が社長をやるなら買おう」と伝えたのです。私にとっては突然降ってきた話でもなく、昔からのつきあいの延長上でかかわることになりました。

『サイゾー』という雑誌がもつ他誌にない特徴は、簡単にいうと「メディアと政治をウォッチする雑誌」だということです。とくにメディアをウォッチするメディアは、いまの日本にはほとんどありません。

メインターゲットは二十代、三十代の男性なので、女性のグラビア写真なども載ってはいますが、基本的にはジャーナリスティックな内容です。アダルトビデオメーカーの広告などについても、広告主に対して「いかにもアダルトビデオといった雰囲気の漂う広告はやめてください」とお願いしていますので、女性のヌードはありません。コンビニエンスストアで立ち読みしたり、美容院で差し出されても、恥ずかしくなく自然に読めるように気を配ったデザインにしています。

メディアと政治という二つの権力に対して、たった一つの雑誌が立ち向かう。それにはよほどのガッツが要ります。ガッツとは、端的にいえば資本と広告です。つまりお金。メディアにとってお金は生命線なのです。

そのため企業や宗教団体は、メディアに対して広告や金をちらつかせることで情報操作を試みます。たとえば、ある宗教団体が政党をつくったときにすべての新聞にでかでかと広告を打ったのは、「ネガティブなことは書かないでほしい」との言外のメッセージなのです。もちろん、莫大な広告費を落としてくれる企業を糾弾《きゅうだん》するようなネタも、大手メディアは決してやりません。

別の宗教団体は、機関紙を大手新聞社の輪転機《りんてんき》を使って印刷しています。広告という形式をとっていないだけで、財布の紐《ひも》は握られているのですから、それも同じこと。広告主に首根っこを押さえられてしまうと、メディアは口を閉ざすしかないのです。

しかし『サイゾー』には、いっさいのタブーがありません。資本と広告が独立しているからです。株は私が一〇〇パーセントもっています（いずれストックオプションで幹部社員に少しずつ譲っていこうと思っています）。広告は、以前から『サイゾー』の意義を理解してくれている古い広告主と、私との個人的なつながりで入れてくれる広告主の二通りです。

このように『サイゾー』は資本と広告に関して他人に攻められる心配がないので、批判できない対象はありません。たとえ訴えられて賠償金を命じられたとしても、私の個人資産で払えばいいだけ。ですから訴えられるのも怖くない。ヤクザが来ようが何が来ようが、恐れるものがないのです。

「御用メディア」ばかりの日本

私が雑誌の経営を始めたのは、日本の民主主義を守るためには、メディアと政治をウォッチする雑誌がなければならないとの使命感からです。『論座』（朝日新聞社）、『諸君！』（文藝春秋）、『月刊現代』（講談社）などのオピニオン誌が次々と休刊し、写真週刊誌はヌードばかりのエロ雑誌と化し、かつての雑誌ジャーナリズムを担っていた雑誌がどんどん消えています。

かつての『フォーカス』（新潮社、二〇〇一年休刊）、あるいは『噂の眞相』（二〇〇四年休刊）が果たしていた役割を考えても、『サイゾー』の存在はますます大きな意味をもつ。当時の『噂の眞相』にはあまり若い読者がいませんでしたが、『サイゾー』はデザインもスタイリッシュにして美容院にも置ける雑誌をめざしています。

テイストは、昔の『フライデー』（講談社）、『フラッシュ』（光文社）です。いまは名誉毀損《きそん》で告訴されると高額の賠償金を請求されますので、よほどのガッツがないかぎり、こういう雑誌は生み出せないでしょう。

雑誌が相次いで休刊している大きな原因の一つに、今般のサブプライム問題やリーマン・ショックに端を発する広告収入の落ち込みがあります。

あまり知られていない経営ノウハウですが、サイゾーの場合は『日刊サイゾー』とか『サイゾー裏チャンネル』『サイゾーウーマン』といったウェブ媒体をもっていて、その広告収入は伸びています。テレビや雑誌の広告が落ちている反面、そのぶんインターネット広告が伸びているのです。

広告全体のパイはバブルが弾けて多少は萎《しぼ》んでも、ウェブ広告はかなりのペースで伸びている。

サイゾーは雑誌単体ではなく、ウェブとあわせて稼いでいるのです。雑誌だけのビジネスモデルはもう時代遅れですが、ウェブと組み合わせるというように、工夫しだいで新たなビジネスをつくりだすことは可能です。

『サイゾー』のような雑誌が日本には絶対に必要だと私は考えています。『サイゾー』はおかげさまでメディア関係者の多くが熱心に読んでくれていて、『サイゾー』が取り上げたニュースや事件が後追いで報じられることもふえています。

また最近では、インターネットのSNS（ソーシャル・ネットワーキング・サービス）で人気のミクシィ（m・i・x・i）にコンテンツを提供していますので、雑誌よりもウェブでサイゾーのことを知る人もどんどん出てきています。

目下の課題としては、売上部数をあと五万部は伸ばしたいところです。つねに一〇万部を超えれば、社会に対する影響力はさらに強まるでしょう。単純に売れた部数の合計でいえば、年間で『サイゾー』よりも私の著書のほうが売れているので、冗談でスタッフに「君たちが全員でつくったサイゾーより、俺一人の本のほうが売れてるぞ」とよくハッパをかけるのですが、『サイゾー』がもっともっと売れて、世の中に新しいものの見方を広めてほしいと願っています。

とにかく、私がそのようにしてメディアビジネスに乗り出しているのも、既存のテレビや新聞、雑誌が「御用メディア」に堕《だ》してしまっているからです。

そこで働く一人ひとりの記者やディレクター、編集者は悪い人でもなければ何か特別な能力をもっている人でもない、きわめてふつうの感覚の持ち主です。しかし彼らが集まってメディアをつくると、なぜかサラリーマンメディア、御用メディアに陥ってしまう。それが不思議なことでもあります。

経営者から編集権を独立させなさい

『サイゾー』では、編集権を完全に独立させています。経営者である私は、編集の現場にいっさい口出しをしません。自宅近くのコンビニで雑誌を見て、「今月はこんな内容なのか」とはじめて知るくらいですから。

アメリカでは『タイム』『ニューズウィーク』『フォーブス』といった、クリエイティブなニューヨーカーが読むきちんとした雑誌は、みな編集権が完全に独立しています。もちろん経営者たちはMBAを取った冷徹なビジネスマンですので、雑誌の売れ行きについてはきわめてシビアに見ていますが、内容についてはいっさいの口出しをする権利をもっていない。自由な編集権こそが民主主義の根本ルールであると彼らが熟知しているからです。

編集権を独立させることには、なかなかつらい側面もあります。

あるとき、私の友人である芸能プロダクションの社長が『サイゾー』で叩かれた。社長の側近——その彼とも私はカラオケ仲間で懇意なのですが——彼から電話がかかってきて、「苫米地さんの雑誌でウチの社長がいじめられています。どうにかなりませんか」と泣きつかれました。

あわててコンビニに行って誌面を確認したところ、文字どおり「ぶっ叩いて」いました。しかし自分はオーナーというだけなので、編集部には口出しできない。「あまりいじめないであげてね」とは編集部にいいましたけれど、介入はまったくしませんでした。事前にどんな記事が載るのかを知っていると介入したくなるかもしれないので、発刊されるまで内容を聞かないようにしています。

数年前、ネット企業の資本家がテレビ経営に参入して、テレビ局を自社の影響下に置こうと企てましたが、私がやっていることは彼らとはまったく意味が違う。自分や自社の広告塔にするために公共の資産であるテレビ局を買うのは、宗教がメディアを買収するのとなんら変わりがありません。

『サイゾー』と同じように、テレビ局の制作現場にもいっさいの編集権を渡すべきだと私は考えます。編集権と経営権が完全に分離した放送局でなければ、公正な報道はもとより、ほんとうの意味で視聴者のためになる番組などつくれないと思うからです。

報道が追及すべきは悪人ではなくシステムの悪

いまでも新聞記者や民放キー局の報道記者たちは、大臣の首を獲るのが勲章だと思っているフシがあります。国民に不利益をもたらしているシステムの欠陥や問題点を知らしめるのがジャーナリストの役割だと私は思うのですが、なぜか記者たちは、問題の原因をシステムのせいではなく、個人の問題に還元しようとしがちです。

日本のジャーナリズムには昔から、そのように個人を追及するカルチャーがあるように思えてなりません。問題にすべきなのは、個人の前にシステムのはずです。もちろんシステムの上で不正に甘い汁を吸っている役人がいたならば、個人の責任が追及されるのは当然ですが、それは本来、警察や検察の仕事です。メディアのやるべきことは、それを許したシステムそのものを徹底的に正していくことです。

政治家や官僚の首を獲れば、報道局長賞や新聞協会賞などをもらうことができるから

と、記者がそれを狙うのは大まちがい。システムの上で甘い汁を吸っている人は、はっきりいえば「スケープゴート」です。何か問題が起こったときに切り捨てられる運命にあるのですから、彼ら自身もだれかにその立場を「やらされている」といってもよいでしょう。彼らを追及したところで仕方がないのです。

小泉政権のときに、某省庁の次官が、ある問題で小泉さんに「君が辞任してくれたら話は丸く収まるから辞めてくれ」といわれて職を辞したことがありましたが、そのように詰め腹を切らされる人間がつねにいるのが政財界です。

政治記者たちが知っている情報など、じつはほんの一部です。もしかすると彼らは、だれかの意図で首を「獲らされて」いるのかもしれない。新聞に載る情報は、だれかが意図的に仕掛けている可能性が高いのです。

御用メディアの弊害は、権力者に都合のよい情報を正義の名の下に流すことで、国民がミスリードされる危険性があることです。

その根底には、大手のマスメディアしか加入できない記者クラブ制度があります。記者クラブに属しているだけで情報が入ってきますが、その情報は権力側に都合のよいものである場合が少なくない。だから、真に正しい報道をしようとするなら記者クラブ制度をやめてしまわないといけません。

メディアの仕事は、システムの裏側に隠れている悪を引っ張り出し、国民の目にさらすことです。何か不祥事があると記者会見が行われ、お詫びしている人を記者が叩いている様子をよく目にしますが、謝っている人をさらにいじめてなんになるのでしょう。

メディアは株式上場してはいけない

資本主義の世の中である以上、新聞は部数が売れてこそ経営が成り立ちますし、テレビも視聴率を追求するのは致し方ありません。しかし、それによって中身が劣化してしまっては本末転倒。そこで大事なのが、メディア企業においては経営と編集を完全に分離すること。

編集・制作スタッフが視聴率や売上を考えなくてもいい体制をつくるのが、経営者の役割なのです。

「視聴率が取れない、部数を伸ばせない制作の人間はクビ」との経営方針でいるかぎり、経営と編集の分離はできません。制作者が自由裁量で編集できる権利が守られていなければ、メディアはその使命を果たすことはできないのです。

どの業種であれ、企業は社会の「公器」でなくてはなりませんが、とりわけメディアは公共性が高く求められる業種です。本来、メディアは公益企業であるべきですから、視聴率が取れることや広告収入が上がること以上に、正しい報道がなされていることのほうがずっと大切なのです。株主への配当金が少なくても、より公共のためとなる報道を行っているかどうかが企業価値になります。

ですから、経営権を見ず知らずの他者に譲り渡すことになる株式公開を、メディア関連企業は慎むべきではないかと私は考えます。数字が経営を左右してはいけないのです。公益性しか考えてはいけないのです。

投資に対するリターンの最大化を投資家が求めたとすれば、テレビは自動的に視聴率至上主義となる。最近のテレビの劣化の原因はここにあります。

安直なお笑い番組にさえ費やされている膨大な社会的コスト

テレビの劣化が盛んといわれはじめたのはここ数年ですが、もう少し長いスパンでテレビにかけられてきた「投資」を考えてみると、劣化問題の違った側面が見えてきます。

いま日本でカリフォルニア・オレンジを一つ買うと、値段は一〇〇円くらいでしょう。しかし、その値段でカリフォルニア・オレンジを買うことができるようになるまでには、莫大な金額が投資されています。

歴史的には、一九三〇年代のアメリカでフランクリン・ルーズベルト大統領が行ったニューディール政策に始まります。アメリカ北方のカナダ国境近くの湖から、カリフォルニアまで続く巨大な運河を建設して水を引っ張り、カリフォルニアの砂漠は緑化されました。そのおかげでカリフォルニア・オレンジが誕生したというわけです。

つまり百年のスパンで見ると、一つのカリフォルニア・オレンジを生み出すために、ものすごく高い社会的コストがかかっている。

それは、スーパーで売られているイスラエル産のオレンジやその他のフルーツも同じことです。イスラエルもまた国土がほとんど砂漠だったので、オリーブなどの果実を生産できるようになるまでには、途方もない金額の社会的コストを費やしました。

同じことが、日本のテレビにもいえるのです。いまはどの民放チャンネルも、お笑い番組やクイズ番組が花盛りですが、それはとりもなおさず、番組の制作コストが安いからです。お笑い番組の制作費は、通常のドラマやドキュメンタリー番組の三分の一から四分の一だといいます。

お笑い番組に登場する若手芸人たちは、テレビに出たい人々の集まりですから、ギャラがどんなに安かろうが、お呼びがかかれば喜んで出演します。大手芸能事務所が「奴隷」のような待遇で若手芸人を酷使しているのは有名な話です。それでもテレビに出たがる人は、あとからあとから湧いて出てくるのですから、まったく問題はないのです。

キー局が報道やドラマなど、きちんとした番組を一時間ぶんつくるのには、安くても一七〇〇万から一八〇〇万円かかるのがふつうです。どれだけ削っても一〇〇〇万円を切るのは難しい。それに対して、お笑い番組は二〇〇〇万円でも制作可能。だから、安易なお笑い番組やクイズ番組がますますふえているのです。

しかしその制作費には、先に述べたように、テレビ局をつくるのにかかった社会的コストは含まれていません。これまで国民がテレビ局に投資してきたお金や、広告費として支払われてきた金額を合算すれば、二〇〇万円の制作費でつくったお笑い番組のその一時間には、二億円のコストが費やされているのかもしれないのです。

そう考えると、目に見える制作費が安いからといって安直な番組をつくりつづけるのは、これまでの社会的コストをどぶに捨てるようなものなのです。

いまの日本のキー局が放送するもののなかに、大人が見る価値のある番組はほとんどないと私は思います。私が勧めるのは、衛星放送の「ディスカバリーチャンネル」です。世界最大一七〇カ国、三五の言語で放映されているこのチャンネルは、たいへん良質なドキュメンタリー番組を送り出しており、一日じゅうつけていても飽きません。ケーブルテレビかCS放送、あるいはインターネットテレビで契約しなければ見ることができない有料放送ですが、お金を払うだけの価値があります。

テレビとの正しい向き合い方が立体的視点を養う

では私たちは、どのようにテレビというメディアと向き合えばよいのでしょうか。ひと言でいえば「多面的な視点をもつ」ことです。

一つのニュースを見たら、つねにその反対側の考え方を探してみましょう。そして「なぜこのようなニュースが報道されたのか？」との視点をもつようにする。スポンサーはだれなのか。過去にその番組はどんな傾向の報道を行ってきたのか。キャスターの思想信条は……。

可能ならば、番組の担当ディレクターはだれか。その人はどんな番組をこれまでつくってきたのか。そして、その報道によって得をする人はだれか、反対にダメージを受ける人はだれか……。こういったことにも目を向けてみる。すると、簡単には情報操作に引っかからなくなるはずです。

そこまで目配りをして番組を見れば、だれかの意図に気づかないまま放送内容を鵜呑《うの》みみにすることはなくなるでしょう。

そのような立体的・複眼的な視点で番組を見る習慣がつくと、世の中の見方自体が立体的・複眼的になってきます。テレビを視聴するときにかぎらず、生活のあらゆる側面、目の前で起きている出来事すべてに応用できるものの見方が養われるのです。

インターネット情報の功罪

近年は一日のなかで、テレビよりはるかに長時間インターネットに接している人がふえているといいます。三十代の男性では、「ながら視聴」もありますが、テレビの一日あたり平均視聴時間をインターネットが抜いたとの報道もなされました。

インターネットは映像も音声も扱えるうえに、インタラクティビティ（双方向性）があるメディアですので、臨場感もテレビ以上に感じやすいという特性があります。

さらにインターネットは、意外に思われるかもしれませんが「文字」のメディアでもあるところが強みなのです。

ベストセラー小説やマンガ作品が映画化されたりテレビドラマになったのを見て、原作のイメージとあまりにも違うことに幻滅した経験がある人はたくさんいるでしょう。文字情報だけで豊かなイメージを脳内に構築することが人間にはできて、それこそが「活字の力」といえるのです。

『電車男』やケータイ小説がブームとなりましたが、インターネットは映像と活字をうまく組み合わせて、私たちの内部表現に情報を書き込むことが可能なメディアなのです。

さらに、インターネットを利用する人のほとんどは、一人で画面に向き合います。茶の間で家族といっしょに見ることも多いテレビにくらべて、インターネットはきわめてパーソナルなメディアといえます。そのため使い方によっては、テレビ以上に洗脳の道具ともなりうるのです。

ただし大きな違いがあります。インターネットは「チャンネル数」がテレビにくらべて圧倒的に多いことです。数局しかないテレビのキー放送にくらべて、インターネットからは無限ともいえる情報を得ることができます。

ですからインターネットでも一つや二つのサイトだけを見るのではなく、さまざまな情報ソースに当たることが大切になります。

ある特定のジャーナリストのサイトや、2ちゃんねるの特定の掲示板だけを見ていては、知らず知らずのうちに洗脳されてしまう危険な事態が起こります。選択肢の数が多すぎるがゆえに、かえって特定のサイトしか見ようとしない傾向があるのが、インターネット情報の弊害といえるでしょう。

視聴者が知らないテレビ世界の不透明な金の流れ

五、六年前のことですが、私の事務所に所属していたタレントを、ある非常に有名な女性司会者が担当しているトーク番組に出演させませんか、と打診してきた人がいました。

その人は番組制作会社のプロデューサーでした。タレントの知名度向上にもなると思ったので応諾したところ、「その代わり五〇〇〇万円いただきます」とすぐさま申し渡されたのです。

そこまでして出してもらう必要もありませんので、もちろん断りましたが、そうした取引が行われていることは、おそらくその女性司会者も、番組のスタッフの大半も知らないでしょう。しかし現実には、このように「どの番組にだれを出演させるか」といったことについても、視聴者の知らない舞台裏で膨大な金が動いているのです。

「今年はどのタレントを売り出すか」といった取り決めも、大手の芸能プロダクションのトップ数人が話し合って決めているといいます。テレビの放送時間というパイは決まっていますので、どこかの事務所が独占状態にならないように、事前の打ち合わせで「この時間の枠はどこの事務所のタレントを出す」と決めておくのです。当然その裏では、表には出てこない金銭が動いているはずですが、視聴者には知る由《よし》もありません。

また、テレビ局は最近の広告収入の落ち込みをさまざまな手法でカバーしようとしています。

その一つで、最近の民放テレビ局の大きな収益源になっているのが、自社の番組に関連するグッズ販売です。フジテレビがとくに力を入れていますが、グッズの販売は商品

○曜日×時～
△曜日□時は…
$
¥

の仕入れ原価を除いたほとんどの額がテレビ局の収入になりますので、「おいしい」商売なのです。

最近の深夜放送を見れば一目瞭然ですが、通販番組がやたらにふえています。しかも自社のアナウンサーが商品を紹介している番組まである。公共の電波を使って、自分たちの商売の宣伝をしているわけです。

さらに自社のドラマをもとに映画化したとなれば、朝から晩まであらゆる番組に出演者が登場して、映画のPRをこれでもかとくりかえす。最近のテレビを見ていると、タイアップと番組宣伝ばかりで見るべきものがほとんどありません。

下がったとはいえ、いまだにテレビ局の社員の平均年収は一千数百万円をキープしています。その高額な報酬は、テレビ局が独占的に握っている電波利権によるこうした商売が稼ぎ出しているわけです。テレビ局のインフラは、国民が支払った税金が元手になっていることを考えると、違憲といっても過言ではないでしょう。極端な話、国会で証人喚問をしてもいいレベルの問題だと私は思いますよ。

しかし、このような商売がいつまでも続くことは決してありません。

リーマン・ショック後の世界同時不況の影響で、国内でもっとも広告費を使ってきたトヨタ自動車が、テレビ広告を大幅に削減するとの発表がニュースとなりました。

電通の発表では、二〇〇八年のインターネット以外の広告費はすべて落ち込んでいますが、なかでもテレビの下げ幅は最大となっています。その大きな原因の一つが、くりかえし述べているように番組内容の劣化です。

「こんな低劣な番組のスポンサーについている企業の製品は買わない」「いったいどういうつもりでスポンサーになっているのか見識を疑う」といった視聴者の声が、インターネットによって無視できない存在となり、スポンサー側も番組内容に厳しい目を向けるようになりつつあります。テレビ局は自分で自分の首を絞めたといえるでしょう。

大手テレビ局のエレベータホールには、二〇〇八年の秋くらいから「コピー代を節約しましょう」といった張り紙が出されているそうです。

また、これまでほとんど乗り放題だったタクシーも使えなくなっていると聞きます。昔はテレビ局の報道記者であれば、新入社員でもハイヤーに乗れていたのですが、いまではデスククラスでも乗ることは許されないそうです。

ようやく健全な方向に向かっているということでしょう。そもそも公共の電波を使っている企業が、なぜあれほどの都心の一等地に巨大な自社ビルを建てることができるのか、よくよく考えれば不思議な話です。

私のところにも「テレビに出ませんか?」とオファーが来ることがありますが、いまのテレビ番組のほとんどは、とても出る気になれません。その番組に出ることで、かえって自分の株が下がってしまうと思うからです。逆に良質な番組制作には積極的にかかわっているのも、テレビをよい方向に導きたいからです。

新規参入できない日本のメディア

これまで述べてきたような、現在のテレビ局を取り巻くさまざまな問題は、この業界が新規参入を許さない閉鎖的な世界であることに大きな原因があると考えられます。

新規参入がないゆえに、公正な競争も起こらず、そのため自浄作用が働かなくなってしまっているのがいまのテレビ業界です。その点については、テレビよりも古くから存在する新聞業界も同様でしょう。

新聞社に関する法律（日刊新聞紙の発行を目的とする株式会社の株式の譲渡の制限等に関する法律、略して日刊新聞法）は、サンフランシスコ講和条約の直後（一九五一年）に制定されたのですが、「新聞社の株は、その会社の事業に関連する人しか買ってはいけない」という決まりになっています。

そもそもは新聞社の言論・報道の自由を保障するためのこの法律が、いつしか、まったくの異業種からの新規参入を防ぐ障壁となってしまったのです。

私は以前、自分のブログに「朝日新聞の株を買いたい」と書いたところ、ほんとうにある国の王族から、「朝日新聞を買うなら金を出そう」と連絡が来たことがあります。しかし、朝日新聞のオーナーがまったく売る気がないことを知り、あきらめました。

先ほどの「日刊新聞法」を現実的に解釈すれば、新聞社の株式はオーナーがだれに売るかを決められる、つまり、既存の株主が「この人は会社の事業に関連する人だから買ってもらう」と指名した人以外は買えないことになるのです。

先ほど述べましたように、金融資本主義の蔓延《まんえん》によってゲームと化した現在の株式市場において、見ず知らずの他者にメディア関連企業の株式を譲渡するのはきわめて危険だと思いますが、かといって、それが業界の閉鎖性を高めることに寄与するのもあってはならない話です。

テレビ業界も同じように「電波法」「放送法」などによって強力に守られています。歴史の裏側を紐解けば、そうした体制ができたのも、明治維新で日本政府の実権を握った勢力がいまだに既得権益を握っているからなのですが、それについてくわしく述べるのは別の機会に譲ります。

私の知人でもある元ライブドア社長の堀江貴文という人は、プロ野球の球団経営への参入や、ニッポン放送の買収などを画策しました。知ってか知らずか、彼はその利権に土足で踏み込んだために潰されてしまったともいえます。

古くは卑弥呼の時代から、日本では平民・一般庶民が権力を握ったことは一度もありません。日本を支配してきた人々は、いまもなお自分たちの既得権益を死守するためにあらゆる努力を惜しみません。

私が二〇〇五年の衆議院選挙で民主党を応援したのは、そのためです。民主党にもじつは豪族の子孫などがたくさんいますが、自民党にくらべれば平民出身の議員が多い。民主党が与党になることで、日本の歴史ではじめて平民が政権を取る可能性があるものと私は信じているのです。

少々大上段の話になってしまいました。ともかく日本という国は、戦後、多様な価値観が認められ、努力しだいでだれもが上層に行けると信じられてきましたが、それはうわべだけの見せかけで、実態はというと、メディアを牛耳る支配層はずっと変わっていません。一般庶民の富が収奪される構造は変わらないまま。堀江氏はその日本の支配層に正面から楯突いたからこそ、徹底的に潰されたのだと私は考えます。

英語力がメディアによる「洗脳」から身を守る

二十一世紀に入り、英語は世界の標準語としての地位をさらに確固たるものとしつつあります。日本語の話し手は世界に一億二〇〇〇万人しかいません。世界人口から見れば何十分の一です。

昔から日本は資源がなかったために加工貿易で稼いできました。外から資源を仕入れて自国内で加工して外に売るビジネスモデルで国家を運営してきました。その「外」に通じる言語が英語に統一されていく以上、国を成り立たせるためには英語を話す以外にありません。

安易な英語礼讃を支持しようというのではありません。しかし、日本人もこれからますます英語とつきあわざるをえなくなります。それを感じさせたのもインターネットの普及です。共通言語としての英語は、絶対的なコミュニケーションツールとなりつつあります。

じつは英語の問題は、私がテレビ局の人と話すたびに必ず議論になるテーマの一つでもあります。

「日本のテレビは、日本語で日本人に向けたコンテンツしか放映していない。それはいったいどういうわけなのだ」

このように質問すると、彼らから「それは、日本人が日本のことにしか興味がないからです」との答えが返ってくる。

それはまったく違います。

彼ら自身がテレビ放送を通じて、そういう日本人をつくりだそうとしてきたのです。世界的に見たときに、リアルタイムで起きているたいへん重要度の高い問題について、日本人の多くは知らずに過ごしている。それはテレビ局が、愚にもつかないくだらない番組を放映しつづけているからです。日本人が外国に興味がないというなら、それはテレビ局の社員が海外に関して無知だからにほかなりません。

東京に住んでいても、北海道や九州で起きた犯罪事件に対して興味をもつのは自然なこと。人類全体を「地球人」という概念で大きくとらえれば、日本に住んでいる人が中国や韓国、イタリアで起きたことに興味をもたないわけが本来はない。

沖縄で起きたことには興味があるのに、韓国で起きたことには興味がないというのは、おかしな話です。物理的距離というより、国家という枠組みで物事を考えてしまうクセがついてしまったせいでしょう。私たちにとってどの情報が重要なのかを考慮すれば、北海道のニュースよりも、ニューヨークのニュースのほうがはるかに意味が大きいことはありうるはずです。

日本人の食卓に並ぶ食材のほとんどが国外でつくられる時代となりましたが、そのようなグローバル経済下に生きることを余儀なくされている私たちなら、ほんとうに必要とする情報の半分以上が国外のニュースであっても、自然な成り行きなのです。

そして、日本人が国外のニュースに興味がないことの大きな原因は、英語を知らないことです。私は毎日、英語のニュースに目を通していますが、日本のメディアではほとんど報じられていないことをそこでたくさん知ります。

たとえばアメリカの経済について、オーストラリアのメディアがどのように報じているのかを知るだけでも、日本国内のメディアからはまったく得ることができない視点をもつことができます。英語を読めない人は、そうした視点をもつチャンスをみすみす失っているのです。

これからますます国際化が進むなかで、英語の力は必須となっていくでしょう。私は日本の国会議員には、TOEFL(iBT＝インターネットを通じた次世代TOEFL)で一〇〇点以上の努力義務を課すべきだと考えています。

私が「カリスマ」ブームを仕掛けた理由

どのブームにも、必ずだれか仕掛け人がいます。

じつは私も、巷《ちまた》で大きな話題となったブームを何度か仕掛けたことがあります。最近では、女性のアンダーヘアの脱毛ブームがそれです。

「衛生、衛生学」という意味をもつ「ハイジーン」(hygiene)という単語から、アンダーヘアの処理を行った女性を「ハイジニーナ」と造語。そしてその言葉を商標登録しました。

もともと日本人女性のあいだには、ワキの毛を剃る文化はありませんでしたが、いまでは大半の女性がワキの毛の手入れをしています。

そこで、あるエステ会社のコンサルティングをしていたことが縁で調査してみたところ、アメリカのニューヨークを中心に、女性の八割がアンダーヘアを脱毛していることがわかりました。それに対して同世代の日本人女性の脱毛率は三パーセント以下。ということは、八十数パーセントの潜在マーケットがあるとも考えられます。

「ハイジニーナ」という言葉は、いまや感度の高い女性のあいだでは一般的となりつつありますが、もともとは私が仕掛けたブームなのです。本格的に火が点《つ》くにはあと二年くらいかかるでしょうが、そのころにはハイジニーナも人口に膾炙《かいしゃ》していることでしょう。


ところで、ひと昔前から、美容師や料理人など職人系の仕事で一流の人を「カリスマ」という言葉を冠して呼ぶようになりました。じつはこの仕掛け人も私です。

当時、表参道駅周辺に店を出しはじめていた美容師たちが、「私たちの仕事は華やかな世界のように思われていますが、ずっと立ちっぱなしで体力的にもきつく、給料も安い『3K』業界です。だから若い人が集まらず、せっかく入っても続かなくて困っています」と悩んでいました。

そこで私がコンサルティングすることになり、美容の世界のイメージを底上げするための言葉が必要だと思って、「カリスマ」という言葉を使うことにしたのです。

「君たちをカリスマと呼ばれる存在にしよう。そうすれば、あこがれてやってくる若者もふえるだろうし、将来に向かって頑張って仕事を続けるモチベーションにもなる」と戦略を立て、彼らを「カリスマ美容師」と世間に認知させるための一大プロモーションを仕掛けました。

私の自宅が青山だったこともあり、最初の仕掛けを青山にあるａｎｋ（現在ｄａ-ｉｓ）で行うことにしました。その店の店長は当時、中山美穂さんがショートカットにしたり、今井美樹さんがウェービーヘアにしたり、女性タレントがヘアスタイルを変えるとなると、よく指名される腕のよい美容師だったのです。まずは彼らをどんどんメディアに売り込み、露出をふやしていきました。

並行して、新しい店舗を出店するときには、青山、表参道界隈《かいわい》に集中させることもアドバイスしました。秋葉原の電気街には、何百軒もの電気店があるからこそ多くの人が集まってきます。当時から表参道、青山周辺には美容院が多くありましたが、いまのように集中してはいなかったのです。お互いをライバル視せずに、美容院どうしが隣り合ってもいいから、青山を「美容の街」にすることを勧めたのです。

そして三〇以上もの雑誌に次世代のカリスマ美容師たちを登場させ、また、全国で彼らが髪を実際に切ってみせるイベントを開催、テレビでその模様を放映するなどして「カリスマ美容師ブーム」を巻き起こしたのです。

その目論見《もくろみ》はみごとに当たりました。美容師になりたい若者が美容専門学校に殺到するようになり、美容師という職業のイメージが大きく変わることになったのです。

ブームはマニアから生まれる

このように私は、数多くの事象を仕掛けてきました。その多くは、二、三年かかって世間にじわじわと浸透していき、ある閾値《いきち》を超えた瞬間に一気にメジャーとなります。ブームを仕掛けるうえでテレビが大きな力を発揮することはいうまでもありません。しかし、ほんとうに仕掛けが効果を発揮するためには、テレビの前に、必ず口コミが必要となります。先に口コミがなければ、いくらテレビで仕掛けても効果がないのです。

マーケティング用語でいえば「アーリーアダプター」と呼ばれる、先進的なセンスをもった人々の口コミによって評判になったものを「大衆化」させるのが、よくも悪くもテレビの力だといえます。

私は飲食店のコンサルティングも長年やっています。数年前、現在では大きく展開しているあるレストランチェーンのオーナーに、「いろいろと工夫しても、なかなか儲からないのです。どうすればいいでしょうか」と相談されました。

私が彼に贈ったのはこんな言葉でした。

「東京で日常的に飲食店に行く人々の数が、通勤者も合わせて三〇〇〇万人いるとしよう。そのうちの六割が『おいしい』『感じがいい』と合格点を出す店をつくったとする。すると、その店のライバルは、駅前の飲み屋から六本木ヒルズの高級レストランまで、東京じゅうに何万店、何十万店と存在することになる。どの店も、少しでも多くの人に来てほしいと思ってしのぎを削っているからだ。

しかし、一〇〇人に一人が『ここはすごい』『自分のための店だ』と思うマニアックな店をつくったとする。すると、その店の潜在顧客は三〇万人にすぎないが、ライバル店も一〇〇分の一になる。さらにしぼって一〇〇〇人に一人だけのための店をつくれば、潜在顧客の三万人は『自分が通う店はここしかない』と思うようになる。そうすれば毎晩、店の前に行列ができるようになるよ」

一〇〇人に一人、一〇〇〇人に一人の超マニアックな嗜好《しこう》が大衆化するとき、ブームが起こります。オタクカルチャーやコスプレカルチャーがまさにそうです。マニアックな人たちが徹底的に自分たちのなかでその文化を練り上げ、そこに目をつけたテレビ局やメディア関係者がそれを取り上げることで、はじめてブームとなるのです。

私が二十五年前に「脳機能学者」として研究を始めたとき、同じ領域をやっている日本人は一人もいませんでした。つまり一億二〇〇〇万人に一人の存在だったわけです。超々マニアックな存在だったといっていいでしょう。

しかし、それがいまでは、SMAPの木村拓哉さんがテレビドラマで脳機能学者を演じる時代です。これも、もともとは非常にマニアックなジャンルだった脳科学が熟成を遂げ、一気に大衆化したことの表れでしょう。まあ、川島隆太教授の「脳トレ」のおかげかもしれませんが……。

ともかく、ブームはブームに踊らされない独自の視点をもったマニアがいて、はじめて起こりうるものなのです。

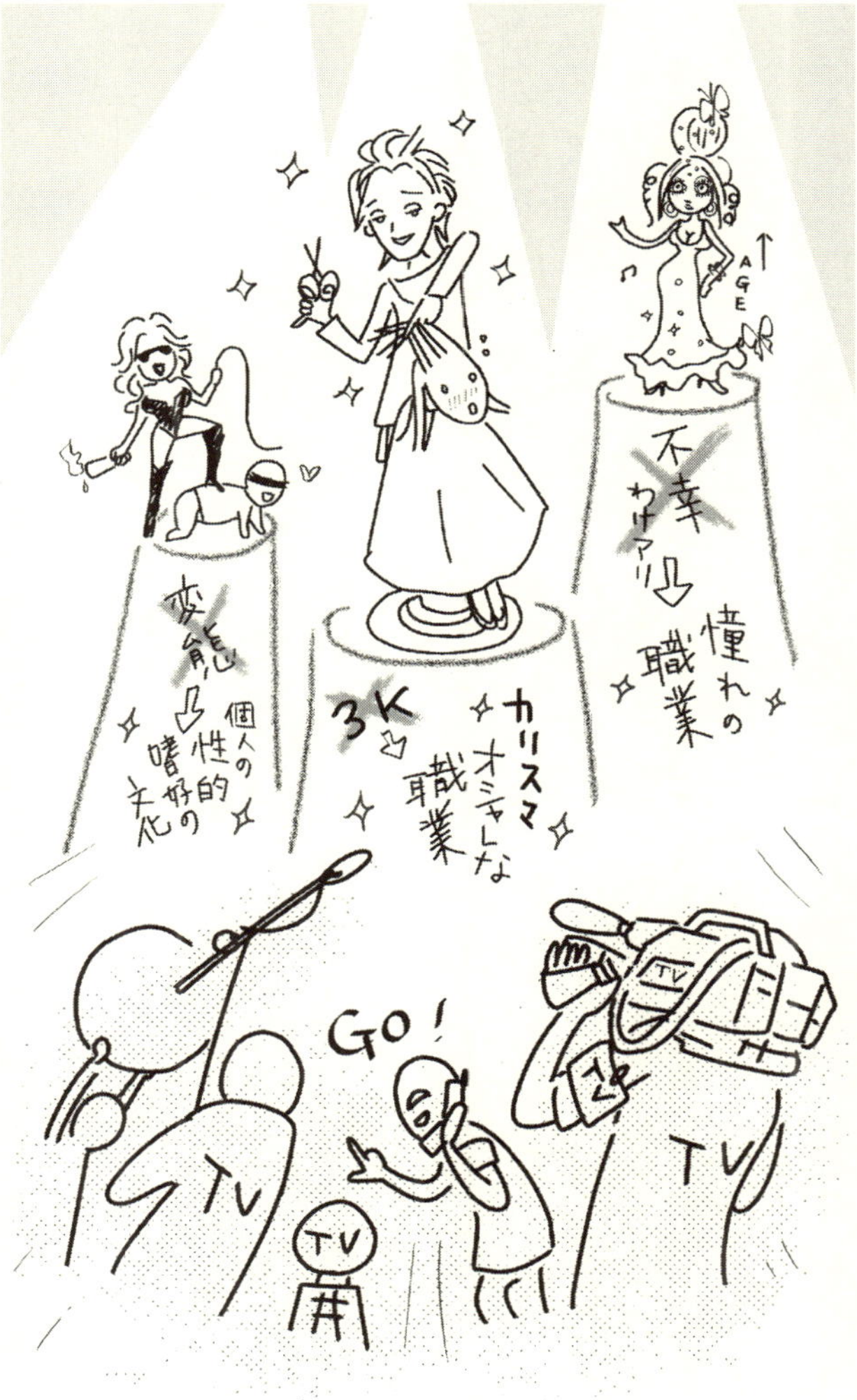

変態
個人の性的嗜好の文化
3K
カリスマオシャレな職業
不幸
わけアリ
憧れの職業
AGE
GO!
TV
TV
TV
TV

マニアックな視点をもった人たちは、後述する「コンフォートゾーン」が一般の人よりも思いっきりズレています。周りの人たちと価値観がズレているため、基本的には孤独で「自分のことをわかってくれる人がいない」と感じています。だからこそ、自分と同じ価値観を共有できる仲間と横でつながった瞬間に、コンフォートゾーンにいることの喜びが開花することになります。そしてそれが、一つのカルチャーを生み出すのです。

性的嗜好にだって同じことがいえます。ＳＭという文化がまさにそうです。

ＳＭが一般的になる前からその世界で活躍していた知人のある男性は、なんと四〇〇〇人の女性を生涯縛ってきました。長いあいだ、ほとんど彼しかプロとして女性を縛れる男がいなかったからです。

しかしいま、六本木のＳＭクラブの経営が軒並み落ち込んでいます。ＳＭクラブに行かずとも、自分の恋人とそうした行為をすることがそれほど変態的ではなくなったからです。ＳＭが大衆化したといえます。

くりかえしますが、あらゆるカルチャーは、最初はごく少数のマニアックな人たちが始めて、それが口コミによって広がり、やがてメディアに載ることで多くの一般大衆のコンフォートゾーンに受け容れられ、社会に定着する。

これはいってみれば、社会的な「洗脳」です。

メディアの力は、さまざまな経済活動や政治活動に利用されていることを忘れてはなりません。

たった数十人が日本の世論をつくっている

日本のテレビ番組の企画をつくっているのは、「構成作家」と呼ばれる人々です。彼らが書いた企画書が、ドラマ、ニュース、バラエティ番組のもととなり、日本じゅうに流されるのです。日本のキー局の番組を制作している構成作家の人数は、見習いを含めて、おそらく数百人といったところでしょう。そのうち、日本のテレビ界の中心で活躍しているのは、二、三〇人くらいの人数だと思います。

たったそれだけの、国会議員よりも少ない数の人たちが考える番組によって、日本じゅうの流行や、お茶の間の話題、政治的な世論までもがつくられているかと思うと、驚きの感情が湧いてきませんか。

こういってはなんですが、構成作家のなかには、ビックリするくらいものを知らない人が実際にたくさんいます。政治や経済について専門的に勉強したわけでもない人たちが、付け焼刃の知識で番組を量産しなければならないのですから、致し方ない面もあります。それでも、テレビ番組が劣化してきた原因の一つに、構成作家の質の低下があることはまちがいないと私は感じています。

彼らがどこから番組のネタを拾ってくるのかといえば、多くの場合は雑誌とインターネット。自分で取材先を見つけ出して交渉し、一次情報を取ってくる気概のある構成作家は、残念ながらほとんどいないのが現状なのです。

また構成作家の多くが、英語圏の情報を集める作業をしていません。それは単純に、彼らが英語を苦手としていることが理由だと思われますが、日本のテレビ報道に海外発の情報が少なく、きわめてローカルな報道に終始している原因はここにあると思われます。

たった数十人の人たちの、きわめて狭い範囲の知識でつくられた番組によって、日本の世論が形成されてしまっているのは非常に問題です。このあとで述べますが、だからこそ日本のテレビ番組は、時間の枠をオープン化することで、だれもがつくり手として参加できる仕組みを早急に考えるべきだと私は考えています。

自殺者増加の一端はテレビが担っている

一時期より少なくはなりましたが、ほんの少し前まで、霊能者や占い師が大手を振ってテレビに出演していました。彼らの名前を売りにしたバラエティ番組も数多く放映され、テレビや雑誌で彼らの姿を見ない日はなかったほどです。

自称「スピリチュアル・カウンセラー」が、番組出演者の前世をヨーロッパのお姫様だと断定したり、年配の女性占い師が若手のタレントを「しつけがなってない」と叱り飛ばしたりする姿をテレビで目にした人も多いでしょう。いったいどんな根拠に基づいて彼らがそういう発言をしていたのか、私にはさっぱりわかりませんが、世の中には占いやスピリチュアルが好きな人が多いためか、一時はかなりの人気を集めたようです。

ようやく最近では、霊感商法の被害対策に取り組んできた団体などのクレームにより、公共の電波を使って、霊能力などのスピリチュアルな事象を事実であるかのように放送するのは問題だと番組側も気づいたのか、彼らの姿をテレビで目にすることは少なくなりました。

私が昔からスピリチュアリズムを批判し、テレビに出演する占い師や霊能力者を厳しく糾弾《きゅうだん》してきたのは、彼らの言葉が荒唐無稽《こうとうむけい》だというだけではなく、「害毒」を社会にもたらしていると考えるからです。

彼らは「人間には来世がある」といったデタラメを世の中に撒《ま》き散らしました。それを信じた人々の一部が「現世を捨てても来世があるから」と、捨て鉢な犯罪を犯したり、自殺してしまったりといったことが現実に起きています。彼らの本を読んで「来世に行ってきます」といって自殺した人が現に何人もいるのです。

日本ではここ十年以上連続で、毎年三万人という途方もない数の人たちがみずから命を絶っています。その原因の一つに「死んだら生まれ変わる」「来世は存在する」といったオカルト思想の蔓延があるように思います。

ホホホ
あの世は
あんのよ
来世って
いいのよ…
来世で
がんばるか…

その思想は突き詰めれば、「衆生《しゆじよう》の魂を救うためにポアする」という論理でサリンを撒いたオウム真理教の思想となんら変わるところがありません。

現世の苦しみを味わうよりは死んでしまったほうがいいと考える人たちを、意図していなかったとしても生み出していることの罪深さを、そうした自称霊能者はもちろん、テレビ局の制作者たちも自覚したほうがいいのではないでしょうか。

テレビ市場は開放すべき

欧米のテレビでは、何百という数の多チャンネルが見られるのがふつうです。それに対して日本の視聴者は、いまだに数局のキー局しか見ないという人がほとんど。

その理由は、キー局がつくる番組のほうが、ケーブルテレビや衛星放送よりも圧倒的にお金がかかっていて、見かけの「質」がとても高いことにあります。有名なタレントが出ていてセットも豪華であれば、どうしてもそちらに目を奪われてしまうでしょう。

キー局が番組に金をかけられるのは、結局のところコマーシャル収入が、ケーブル局の番組とくらべて桁違いに高いからです。

その根本には、大手広告代理店と民放テレビ局がつくりあげた、コマーシャル価格のカルテルがあります。独占禁止法に違反しないのが不思議でならないのですが、キー局のプライムタイム（午後七時～十一時）のコマーシャル枠は、軒並み大手広告代理店が押さえており、代理店を通さなければ買うことができない仕組みとなっています。独占的に販売の権利を握っているため、いくらでも値段を吊り上げることが可能なのです。

この仕組みがあったからこそ、テレビ局はこれまで左うちわで商売を続けることができたわけです。

キー局が番組制作費を潤沢《じゅんたく》に使えるのは、制作者が優秀であるからでも、番組の企画がおもしろいからでもなんでもなくて、ただたんにキー局の特定の時間帯に莫大な広告費が投入されるから。この仕組みさえ崩れれば、多チャンネル化は一気に進むはずです。

前述したように、最近ようやくスポンサーが、質の低い番組には広告の出稿を控えるようになってきましたので、キー局も番組制作費をどんどん切り詰めつつあります。少し前にくらべて、セットも貧弱で著名なタレントも出ていない「貧乏くさい」番組がふえてきたと感じている人も多いでしょう。

そういう状況だからこそ、テレビ局を変革するまたとないチャンスの時機が到来していると私は考えています。変革の具体的な方法として私が提案したいのが、「テレビ放送枠をオープン市場化」することです。

たとえば民放の午後八時から一時間といった枠で競売に出して、われこそ番組を放送したいという制作会社がそれを落札できるようにすればいいのです。現状でも、その時間に流している番組をだれがつくっているかといえば、外注を受けた制作会社であることがほとんど。テレビ局の社員は「チーフプロデューサー」とかなんとかという、それらしい名前がテロップに出るだけで、制作にはほとんどかかわっていないのですから不都合は何もありません。

制作会社ごとに、好きなチャンネルの、好きな時間帯に名乗りをあげて、企画単位で落とせるようにできれば、すべてのチャンネルがオープン市場化することになります。事実上の多チャンネル化となるわけです。

大手の広告代理店とキー局を中心とする既得権益の持ち主たちが阻《はば》んでくるかもしれませんが、テレビ放送を真に国民のものに帰するためには、それくらいのドラスティックな改革が必要です。そもそもGHQの時代からの電波利権が、いまだに続いている現状がおかしいのです。

視聴率の真っ赤なウソ

テレビ局はよく「視聴率至上主義」といわれますが、その視聴率でさえも、じつはほんとうの数値には程遠いのです。テレビ局が視聴率調査の機器を設置してデータを取っているのは、わずか一〇〇〇世帯ほど。しかも、どの局にチャンネルが合っているかを判別するだけの機械にすぎませんので、たとえつけっぱなしで実際にはだれも画面を見ていなくても、見ていることになってしまいます。

視聴率の数字は、テレビ各局が自分たちの都合がいいように操作可能なものです。そうすることで、特定の時間帯のスポンサー枠の値段を吊り上げることができます。

それに対してキーホールＴＶは、基本的にパソコンで見るものなので、ほとんどの場合は個人が自分の興味に従って見たい番組を見ています。つまり「本物のリアルタイムの視聴率」調査が可能なのです。

いまキーホールＴＶに常時アクセスしているのは五〇〇〇人くらいですが、この五〇〇〇人という数字だけでも、すでにテレビ局の視聴率調査の人数を上回っています。

今後はキーホールＴＶのように、個人単位でどの番組を見ているのかまで明らかな「真実の視聴率」を出せるメディアに、スポンサーも広告を出すようになっていくでしょう。

テレビは見るものからつくるものへ

これからの時代に力をもつのは、コンテンツをみずからつくりだすことができて、その利用についても自分でコントロールすることができる「本物のコンテンツホルダー」です。コンテンツの企画から制作、流通、広告、金銭の回収までの一連の流れを自力で

TVはチャンネルつけっぱなしでも視聴率は取れる
どちらに広告を出すべきか……?
スポンサー
広告
キーホールTVは現在常時五〇〇〇人アクセス
個人単位でだれが何を見ているか
真実の視聴率がわかる!!

つくりだし、プロデュースできる人物がメディアの中心となっていくでしょうし、またそうあるべきなのです。

テレビ業界も、ただ電波を所有して粋《いき》がっているだけのテレビ局ではなく、ほんとうに力のあるクリエーターが二、三人所属している制作会社が強くなっていくはずです。場合によっては、たった一人の優秀なクリエーターがすべての実権を握るケースも出てくるかもしれません。

実際に時代はそうなりつつあります。私はいま某キー局で、秋から始まる二つの番組に構成作家のような立場でかかわっています。ある非常に有能な制作プロダクションのチーフプロデューサーと組んで番組をつくりはじめていますが、企画の段階から「ネタ」とスポンサーをセットでテレビ局に提示しています。テレビ局も代理店まかせではスポンサーがつかない時代ですので、おもしろい企画にスポンサーがセットでついてくるのであれば、喜んで企画を通すのです。

これまでのような閉ざされた場所で限られた人々が番組の内容を決めるのではなく、私が提案するようなオープンな市場が形成されていく流れに、テレビ業界も変わっていくでしょう。そうなったときにはじめて、事実上の電波の公共化が達成されるのです。

一人の若者がおもしろい企画を思いつき、「フジテレビの何時から放映したい」と夢見たときに、クオリティが高くて共鳴するスポンサーがついてさえくれれば、現実に放映できる。そんな時代がやってくるのです。

アメリカのインチキ金融経済が破綻《はたん》したように、背景に「ウソ」がある商売は必ず終焉《しゅうえん》を迎えます。いまテレビの広告収入が大きく落ちているのも、背景に「ウソ」や「虚構」が横たわっているからです。

オバマ政権が金融危機の反省に基づいてデリバティブ市場を非密室化したように、これからのテレビは、ユーチューブと同じように、「見るもの」ではなく「つくるもの」に変わっていく。

現代は、戦後のテレビ隆盛の時代をつくりだした世代が幕引きを迫られている時期なのかもしれません。次の世代は、もっと民主的な感覚をもった人たちが中心となって、テレビというメディアの真の意味を見出していくことでしょう。

第②章

脱・奴隷の生き方

敵のパットを「入れ」と願ったタイガー・ウッズ

私の友人である優秀な放送作家、安達元一から一本の連絡が入りました。心理学をテーマとした新番組を企画しており、そのアドバイザーになってほしいとの依頼でした。打ち合わせに行くと、会議室のテレビの周りにスタッフが集まっており、「いまからこのビデオを見て、感じたことを教えてほしい」と頼まれました。映し出されたのは、プロゴルファーのタイガー・ウッズが、あるトーナメントで勝敗を決するプレーオフを闘っているシーンでした。

同スコアでウッズとコースをまわっていたライバルが、グリーン上で五メートルほどのパットを打とうとしています。外せばウッズの勝ち。プレーオフですから、敵がパットを決めるとタイになり、振り出しにもどってふたたびラウンドを重ねることになります。ウッズにとっても、優勝して高額な賞金が手に入るかどうかの瀬戸際です。

数百人のギャラリーが固唾《かたず》を呑んで見守る、緊迫感あふれる場面。咳《しわぶ》き一つない静寂のなかで、緊張感に満ちた表情のライバルがパットを打ちます。ボールはコロコロと穴に向かって一直線に転がっていく――。

「さて、このときタイガー・ウッズは、何を考えていたのでしょうか？」

これが番組スタッフの私に対する質問でした。

私にはその答えがすぐにわかりました。

「入れ！」

もし入ったら勝負がもちこされる敵のパットに対して、ウッズは「入れ」と念じていたのです。いったいなぜでしょうか。安達元一も周りのスタッフも、「それはなぜですか？」と私に尋ねます。

ウッズは幼いころから、自分の父親に、そのような厳しい場面と向き合ったときの考え方を徹底的に植えつけられてきました。じつはウッズの父親は、アメリカ陸軍の特殊部隊、グリーン・ベレーの隊員でした。

父親は自分が叩き込まれた「自己イメージをいかにつくりあげるか」について、その考え方をそのまま息子の教育に応用しました。「天才ゴルファー」と幼少期から注目を集め、その後もずっと世界の頂点を極めつづけているタイガー・ウッズは、まさにグリーン・ベレー教育の賜物《たまもの》ともいえる存在なのです。

ウッズが受けた教育とは、どのようなものだったのでしょうか。じつはその教育プログラムは、その有用性の高さから、軍隊以外にも次々と応用されはじめています。

あまり知られていない事実ですが、アメリカ企業の研修プログラムのほとんどは、もともと軍隊の教育プログラムから生まれています。両者は同じものといっても差し支えありません。実際にアメリカの主要企業の多くが採用している研修プログラムは、米軍が有能な兵士を育成するためにつくりあげたものを改良して、民間に流用したものなのです。

その内容はひと言でいって「洗脳」です。

兵士は上官が「撃て」といったら銃を撃たなければなりません。敵前逃亡は絶対に許されないし、最終的には上官が何もいわなくてもその意志を汲んで敵を倒す兵士を育てるのが、プログラムの最終目標です。このプログラムをきちんとやり遂げた兵士は、自主的に命令を遂行することに喜びを覚えるようになります。

入れ!

そのプログラムの原型をつくったのが、現在アメリカでもっとも有名なメンタルコーチとして知られるルー・タイスです。高校のフットボールのコーチをしていた彼は、所属選手たちに行っていたコーチングの手法が、さまざまな組織のメンバーのモチベーションを上げるうえで非常に有効であると気づき、その手法をプログラム化して改良を重ねていきました。

やがてその教育プログラムはあちこちの企業や団体で評判を呼ぶようになり、ついにはアメリカ軍のグリーン・ベレーの教育にも採用されることになります。タイガー・ウッズの父親がグリーン・ベレーの隊員であったときにルー・タイス方式のセミナーを受け、その教育法を自分の息子であるウッズに施した。こうして世界最強のゴルファーが誕生したのです。

無意識が「理想の自分」を追いかける

ルー・タイスがつくりあげたプログラムは、ひと言でいえば、「いかに高い自己イメージを維持するか」という思考の技術になります。徹底して自己のイメージを高く保ち、その自分にそぐわない行動をとることを不快に感じる自我を構築する。

いいかえれば、すべての行動を「have to」（やらなければならない）から「want to」（やりたい）に変えること。それがルー・タイス・プログラムの根本です。

先ほどのタイガー・ウッズの場面では、通常であれば、やはり相手の失敗を祈るのがふつうでしょう。しかしウッズの自意識は、相手の失敗を願うような自分を許さないのです。

「世界最高のゴルファー」である自分にふさわしいライバルであれば、この程度のパットは決めて当然だ――。

このように考えるのです。

相手が成功してくれないと、自分のレベルが下がってしまいかねない。「外れろ」と願うのは、「外れてくれないと自分は勝てないかもしれない」と考えることですから、自分の「高い自己評価」が下がってしまう。ウッズにとってそれは、相手と同じか、むしろ相手より下に自分を置くことにほかなりません。

だからウッズは「入れ」と本気で願ったのです。彼にとっては、そのように高いレベルで勝負を繰り広げる自分こそが「快適な状態」となっています。敵が弱いとかえってやる気を失います。実力が伯仲すればするほど、闘争心をかきたてられ、「より高いステージに到達できる」と心から嬉しくなるのです。

グリーン・ベレーも敵に対してまったく同じように考えます。敵を決して侮《あなど》らず、畏《い》敬《けい》の念を抱き、優れた戦士とみなす。その強い相手を打ち倒すことができる自分は、兵士として最高の存在である――。このように意識の「内部表現」を書き換えていくわけです。

いまではグリーン・ベレーのみならず、アメリカの一般の軍隊にもこの教育システムは使われているそうです。また、アメリカの主要企業「フォーチュン500」の六二パーセントが研修に採用するほどの広がりを見せています。アメリカ以外でも、多くの国に彼のメソッドを学んだ認定コーチが散らばっており、いまでは世界じゅうに二〇〇万人の生徒を擁《よう》しています。

私は二〇〇七年から、ルー・タイスとともに、そのプログラムをさらに改良した「P

X2」と「TPIE」という自己啓発プログラムを開発し、日本をはじめ各国で普及に努めています。それはあるとき、ルー・タイス自身が私に連絡してきたことがきっかけでした。

「私はこの道で成功し、いま自分自身の『コンフォートゾーン』(快適な空間)にいる。そのために『スコトーマ』(心理的盲点)があるはずだ。私のスコトーマをドクター苫米地に見てほしい」

まさにルー・タイス自身が、自分のメソッドを自分に当てはめていることの証明でした。彼は以前、入社したばかりの女性アルバイトを同じようにパートナーに登用し、自分には見えない「盲点」を見つける手助けをしてもらっていたとあとで聞きました。

ルー・タイス・プログラムでは、洗脳と脱洗脳は同じメソッドの表と裏になります。従順な兵士を育てたり、会社のために必死に働く社員をつくることもできれば、その手法を応用することで、他者から植えつけられた価値観や行動規範から自由になり、自分がほんとうにやりたい夢を見つけて、その目的を達成すべく、無意識が自動的に動き出すようにもできるのです。

犯罪者は子どものころから自己評価が低い

ルー・タイスと私は当初、おもに子ども向けにそのプログラムを改良していきました。子どものころからこの思考のメソッドに慣れ親しむことで、人生を明るく前向きに生きていくことが可能となり、世の中に貢献できる大人に成長することができるからです。

犯罪者の多くに共通するのが「自己評価の低さ」です。そして多くの場合、その自己評価の低さは、子どものときに、親や周りの大人に植えつけられたまま歳を重ねてきたものなのです。

「自分なんてこの世にいなくてもいい」「自分が何をしても状況は変えられない」といった低い自己評価が、やがて「自分をこんな目にあわせた社会に復讐してやりたい」という自暴自棄な犯罪へとつながっていくのです。まさに「負の洗脳」といえるでしょう。

昨今のニュースを騒がせている無差別通り魔殺人の犯人も、ほとんど全員、子どものころから自己評価が低くなる環境に置かれつづけていました。その結果が「他人を巻き込んでの自殺」であり、「だれでもよかった」という無差別殺人となったのです。

そうした事件を減らすためにも、子どもの教育は非常に大切だとルー・タイスと私は考えています。だからこそ、子どものときから自己イメージを高くする訓練が必要なのです。

ルー・タイスと私が始めた子ども向けプログラムはたいへんな高評価をいただき、「ぜひ大人を対象にしたプログラムも開発してほしい」との声が多数寄せられたため、現在では大人を対象とした研修も行うようになりました。

ホメオスタシスとコンフォートゾーン

ルー・タイス・メソッドの考え方の中心には、「自己評価の肯定」があります。私たちは「自己評価」の概念を二つに分けて、それぞれ「エフィカシー」(efficacy)と「セルフエスティーム」(self-esteem)という言葉で呼んでいます。

「自分の能力」という意味あいが強いのがエフィカシーです。エフィカシーとは、「自分の能力に対する自己評価」という意味です。どんなことでも努力をともなう物事に取り組む前には、「自分にはそれがやれる」との確信がどれくらいあるかが重要。その自信があるかどうかが、目的達成の可否を左右します。

それに対して「自分の地位やポジションに対する自己評価」がセルフエスティームです。「自尊心」といいかえてもいいのですが、「外部から見たときに、自分は一人の人間として尊重される存在である」という感覚が該当します。

二つの単語に分けていますが、どちらも同じくらいのバランスで保持しているのが重要です。この二つの自己評価をいかに高く維持するか、そして高い自己評価をもつ「現在の自分」に満足せずに、さらに「未来のより成長した自分」をいかにリアルに感じてセルフイメージをつくりあげていくか。それこそがルー・タイスと私が構想する「PX2」「TPIE」の核心になります。

そのための具体的な方法として、「アファメーション」(affirmation＝自己を肯定する言葉)の設定や、セルフトーク(自己の無意識への語りかけ)など、さまざまな細かいテクニックがありますが、大切なのは、いかに臨場感をもって具体的にイメージするかです。

そのイメージを可能なかぎり強くリアルに脳内に描くことができ、無意識のレベルで自己イメージと同一化することができれば、自然と自分の無意識がそのイメージに現実の自分を近づけていこうとします。

なぜなら現実の自分とイメージのあいだにギャップがあれば、人間はそのギャップを埋めるために「ホメオスタシス」（恒常性維持機能）が働くからです。

ホメオスタシスを説明するときにわかりやすい例となるのが、エアコンのサーモスタット（温度調節機能）です。

人間が心地よいと感じる部屋の温度は、だいたい二五度くらいといわれています。だからといって、もしも厳密に室温を二五度ちょうどに保つエアコンがあったらどうでしょうか。二五・一度になった瞬間にサーモスタットが働いて冷房がオンになり、二四・九度になった瞬間に暖房がオンになるようにシステムをつくったとしたら、そのエアコンはスイッチのオン・オフが頻繁《ひんぱん》すぎて、あっという間に壊れてしまうでしょう。

だから世の中にあるエアコンのサーモスタットはすべて、二七度から二三度くらいまで、プラスマイナス二度、合計四度ほどのバッファ（遊び）をもたせて設計されています。あらゆるシステムは、そうしたバッファがないと壊れてしまうのです。

人間の体も同じこと。外界の環境はつねに変化していますから、それに対応できるように、ある程度の幅をもつ仕組みにできあがっています。暑くて汗をかいたり、寒さで毛穴が閉じたりする温度調整にも、ある程度のバッファがあるのです。

人間が快適に生活できる外部環境にはある程度の幅があり、その幅のことを「コンフォートゾーン」と呼びます。

人にかぎらず生物は、そのコンフォートゾーンから外れそうになると、体温や血圧を調整して環境に合わせようと、自動的に自分の体をコントロールします。この恒常性維持機能が「ホメオスタシス」と呼ばれることは第1章でも述べたとおりです。

重要なのは、温度や湿度といった物理的な側面だけではなく、心理的な面においても人間にはコンフォートゾーンがあるということです。

人類は、大脳の前頭前野の進化によって、ホメオスタシスが、現実の世界のみならず抽象の空間にまで広がっています。人間にとって環境とは、温度が高い低いといった物理環境だけではなく、「所得の安定」とか「学校の成績の順位」といった情報空間の次元にも及んでいるのです。

そうした情報空間にも安心感、つまりコンフォートゾーンが存在していて、そこから外れるとホメオスタシスの原理に従って、コンフォートゾーンにもどろうとする。

先ほどのタイガー・ウッズの例でいえば、ライバルのパットを「入れ」と願う自分でいることが彼のコンフォートゾーンというわけです。

コンフォートゾーンを上へとズラす

コンフォートゾーンは固定されたものではなく、訓練しだいでズラすことができます。ただし自然のままでは、動くことはありません。人間も動物ですので、安全で快適な場所である現状のコンフォートゾーンから外れることを、本能的に忌避《きひ》するのです。

コンフォートゾーンをズラすことで、どんなメリットがあるのでしょうか。

たとえばテストで毎回三〇点前後しか取れない子どもがいたとします。その子にとっては、三〇点くらいの成績でいることがコンフォートゾーンになってしまっている。しかしある日、突然、その子が偶然にも試験で八〇点を取ったとしましょう。

すると彼の無意識は、「ヤバイ、これはヘンだ。自分が八〇点を取るなんておかしい」と思います。そして次のテストでは、あわてて〇点を取ろうとするのです。その子にとって八〇点はコンフォートゾーンから大きく外れているからです。三〇点にもどすためには、次は〇点を取ってバランスをとらないといけないと無意識が判断するのです。そして実際に〇点を取ると「ほらね、やっぱり」と安心します。

では、その子のコンフォートゾーンを八〇点にすることができればどうなるでしょうか。「今度のテストでまた三〇点を取るのはイヤだから、次も八〇点を取ろう」と思うようになるはずです。そのためには勉強しなければならないでしょうが、もはやそれは「みずから進んでやりたいこと」になっています。

このように、子どもの学力を伸ばしたいのならば、コンフォートゾーンをどんどん上の方向に移動させることが非常に有効なのです。

こうした考え方は、もちろん大人にもそのまま適用できます。

たとえば、年収三〇〇万円の人が突然、宝くじに当たって一億円を手に入れたとします。多くの場合、その人はあっという間にその金を使い果たしてしまいます。そしてまた年収三〇〇万円の生活にもどります。

それはその人にとって、一億円という金額がコンフォートゾーンの外にあるからです。年収三〇〇万円の世界で生きている自分にとって、一億円はあまりにも不自然なお金なので、一刻も早く無意味なことに使い果たしてしまいたくなるものなのです。

しかし、年収一億円の人が宝くじで一億円当たったとしたらどうでしょうか。その人にとっては一億円の価値も重みも熟知していますので、かえって無駄づかいをせずに有意義に使うことができるでしょう。その人のお金に関するコンフォートゾーンが、すでに一億円のレベルに設定されているからです。

つまり、いま年収が三〇〇万円の人でも、コンフォートゾーンを六〇〇万円にすれば、自然とそれにふさわしい働き方をするように無意識が動き出します。コンフォートゾーンをズラすことで、無理せずとも自分の生き方をよい方向に変えることができるのです。

では、いったいどうすればコンフォートゾーンをズラすことができるのでしょうか。

そのためには、どこにコンフォートゾーンを移動させるかを明確にしなければならない。そこでまずは、自分の行きたいコンフォートゾーンを見つける必要が出てきます。自分の理想とするコンフォートゾーンを見つけるには、次のようなプロセスが有効です。

①暫定的なゴールを一つ設定する。
②そのゴールを満たした未来が必ず来ることをリアルに思い浮かべる。
③その場合、自分は現在どうあるべきかを徹底的に吟味《ぎんみ》する。

たとえば、暫定的なゴールを「五年後に社長になる」とします。

「五年後にいまの会社で社長になりたいのであれば、いまの自分は少なくとも課長以上になっている必要があるだろう」

「でも現在の自分は課長になっていない」

「この状態はおかしい」

こう考えていけば「五年後に社長になるのが当然の自分」がコンフォートゾーンになります。すると、ヒラ社員で満足していたときには気づかなかった自分に足りない能力

Aさん
年収1億円
Bさん
年収300万円
ある日
宝くじ
1億円が当たる
コンフォートゾーン
内
1億円
いつもどおりリアルなお金
あわわわ
ひええええ…
あることが不自然な
1億円
外
リアルじゃないお金
無駄遣いせず有意義に使える
あっという間に使い果たす

や必要な努力、人脈など、「社長になるための道筋」が自然と見えてくるようになります。

まずは暫定的なゴールでいいのです。場合によっては、他人に植えつけられた価値観に依存したゴールでもかまいません。どんなゴールでも、それを満たしたときのイメージをもつと、その結果としていまの自分があるべき姿が決まります。その姿は現実のいまの自分とは絶対に違うはずです。

そうして暫定的なゴールをめざすことをくりかえしていくうちに、「これだ！」と確信できるゴールがいつしか見えてくることがあります。それこそが、ほんとうに自分がめざすべきゴールです。それが見つかったら、そのゴールをつねにリアルにイメージしつづけることで、コンフォートゾーンが着実にズレていき、無意識が勝手に自分をそのゴールへと連れていってくれるはずです。

ほんとうのゴールの見つけ方

私は若いときに徳島大学で助教授をしていました。工学部なので男子学生が多かったのですが、そうした大学院生が結婚するときにはよく披露宴に招かれました。

私は当時三十二歳くらい。大学の指導教授ということで主賓《しゆひん》扱いをしていただいたのですが、新婦方の主賓は七十歳過ぎの高校時代の校長先生などであることが多く、「私ごときが主賓でいいのか」と思うことがよくありました。

それはさておき、徳島は失礼ながら田舎です。結婚適齢期が早い。大学院生や、あるいは学部の四年生ですら、私のもとに「結婚しようか迷っています」と相談に来ることがしばしばでした。

「迷っている」と聞いたら即、その場で「やめなさい」と私はいうことにしていました。

就職についての相談も同じです。理科系ですから、大学院に進むか就職するかで迷う学生がとても多かった。「大学院に進みたいけど、就職したほうがいいかと迷っているんです」と相談されたら、私はすぐに「就職しなさい」といったものです。

「親に結婚を認めてもらえないのですが、とにかく彼女と結婚したいんです」という学生には、「わかった、すぐに結婚しろ」といいます。「学部の成績が悪くて受かりそうもないのですが、でも大学院に行きたいんです」といってきたら、すぐ「わかった、来い」と答えます。

結婚や進路のような重大な人生の選択において、いつまでも自分なりの結論を出せないでいる人が、結婚したり研究者になっても、うまくいくわけがないのです。うまくいく人は、「もうコイツとしか結婚しない」「私は学者になる」と強い意志をもって確信しています。それは会って話せばすぐにわかります。

つまり迷っているというのは、いまだ人生のほんとうのゴールを発見していないのです。

暫定的なゴールをめざすうちにコンフォートゾーンが移動し、脳のゆらぎが生まれ、スコトーマが外れる。するとたまに「あっ、これだ！」というものが見えてくる。それは見えた瞬間に「本物だ」と確信できるはずです。その判断を下すのが無意識。人間にはそういう力があらかじめ備わっています。

見つからない人は、現状のなかでゴールを探しているからです。現状のままで考えていても、たいていの人は「達成可能かどうか」を基準にゴールを選んでしまいます。

ゴールは達成が難しそうであるほどいい。「アメリカの大統領になる」といった荒唐《こうとう》無稽《むけい》なゴールでかまわないのです。

達成できそうなゴールをめざしているうちは、現状（ステータスクオ）のなかにとどまっています。自分を変えるには、達成がとうてい不可能に思えるゴールをめざすべきなのです。

現状に満足している人は洗脳されている

「自分はいまの状況に満足しているから、コンフォートゾーンをズラす必要はない」

そう考えている人がいるかもしれません。

しかし、自分が現状に満足しているとしたら、危ないと思ったほうがいい。満足していればいるほど危険です。

自分への不満こそ、よい傾向なのです。それは、自分が「現状のままではいけない」とのセルフイメージをもっている証だからです。満足していないのは、たとえ漠然とはしていても、「いつか違う人間になりたい」という夢があることを意味するからです。

自分の現状に満足している人は、なぜそんなに満足しているかをまずは考えてみることです。


偏差値の高い大学を出ているから？

給料の高い会社に勤めているから？

ブランドをたくさんもっているから？

では、なぜ偏差値や給料やブランドに「価値」を感じるようになったのでしょうか。

いったいいつから、そのような価値観をもつようになったのでしょうか。

よく考えてみれば、必ず過去に、他人によってそうした価値観を植えつけられたはずなのです。その他人とは親かもしれませんし、学校の先生や友人かもしれない。あるいは、テレビドラマやコマーシャル、雑誌に載っていた芸能人やモデルかもしれません。

もしかすると、人生の現状ルートから外れる行為に対して何かしらの恐れや不安の感情を抱くように、知らず知らずのうちに洗脳されてしまっている可能性があるのです。

私が上智大学卒業後に就職した三菱地所は、人もうらやむ優良会社といわれていました。なぜならば「絶対に潰れない会社」だったからです。三菱地所は、日本の中心である丸の内のほとんどの土地を所有しています。明治時代に、創業者である岩崎家の力によって、すべてまとめてそこを手に入れたのです。

それ以来、三菱地所は「丸の内の大家」として磐石の基盤を築いています。ほとんど減価償却が終わった持ちビルの日本一高い家賃を回収するだけで、毎月莫大な利益を得られていたのですから潰れるわけがありません。

当然、社員の給料も一般的な会社にくらべて高い水準にあります。そのため、三菱地所の社員には「自分たちは幸せだ」と思っている人がたくさんいました。彼らがそう感じる最大の理由は、人生のどこかの時点で、だれかに「あの会社は世界でいちばん安定している会社だから食いっぱぐれがない」と刷り込まれたからに相違ありません。

三菱グループで働いている人たちは、子どもも三菱地所に入れたいと考えます。「三菱グループにはたくさんの会社があるが、歴史的にその本社は三菱地所だ。巨額の不動産資産を継いだ〝長男本社〟に入れれば安心だ」と思い込んでいる人が少なくありません。彼らにとってそれが自信の拠り所であり、セルフエスティームの根拠なのです。ほんとうは彼らがすごいのではなく、創業者である岩崎弥太郎、弥之助がすごい存在だったにすぎないのに……。

当時、三菱地所で働く入社三年目ほどの青年が、就職活動中の後輩の学生に、会社のすばらしさを誇らしげに語る姿を目にしました。よくよく聞いてみると、かつて先輩にいわれたことを、そのままリピートしているだけでした。

これほど極端な例でなくても、基本はみな同じです。自分の会社や自分の現状に満足している人は、上司や先輩から植えつけられた考え方を、あたかも自分で考えたことのように受け容れてしまっている場合がほとんど。それは自分の考えたことではないのです。人からいわれたことなのです。受け売りなのです。

そうと気がつくには、自分が大切だと感じていることや、物事の好き嫌いに関する価値観について一度、書き出してみることです。たとえばコーヒーと紅茶では、どちらが好きなのか。そんな些細《ささい》なことですら、他人の判断基準に影響されています。

だれにいわれたか、どこで聞いたか、一つひとつ書き出していく。その根拠は何か、そしてそれは、ほんとうに自分の欲していることなのか。

突き詰めてみると、その裏側には「それを失ったときの恐怖の感情」がぶら下がっているはずです。その情動を埋め込んだのが「ドリームキラー」なのです。

無限の可能性を殺す「ドリームキラー」

「偏差値が低い学校に行くのはカッコ悪い」「有名な会社に勤めてこそいい人生」などといったステレオタイプな価値観を子どもに植えつける親はたくさんいます。自分たちの価値観を強制して、子ども自身がもっている可能性の芽を摘んでしまっていることに気づかない大人たち。

そういう人たちを「ドリームキラー」と呼びます。文字どおり「夢を殺してしまう人」です。多くの人にとって、もっともドリームキラーとなる確率が高いのが親です。「子どものためを思って」という言葉を免罪符に、自分の子どもの可能性や才能を殺してしまう。当の本人には夢を摘んでいる自覚がまったくない。

最近の発達心理学の研究によれば、成人した人の判断基準の八割から九割が、自分の親に植えつけられた価値観に基づいているとされています。それだけ幼少期の親の影響は大きいのです。

親以外にも学校の先生や、会社の上司、友人知人など、自分以外のだれもがドリームキラーになりえます。ですから、幼い子どもに対して「君にはできない」「おまえにはムリ」といったネガティブな言葉を浴びせつづけては絶対にいけません。日本では高校や大学へ進学するときも、先生が「君にふさわしい学校はここだ」と決めつけることが少なくありませんが、それも大きなまちがいです。

子ども自身が「自分には能力があるんだ」「自分にはすごい可能性がある」と思えるように見守ってあげることが大切なのです。そのためには、テストで三〇点しか取れなかった子を叱りつけるのではなく、「今回は三〇点だったけれど、君はほんとうは八〇点以上は取れる力をもっているんだよ」と声をかけてあげることです。

現状に満足しきっている人は、過去にドリームキラーによって埋め込まれた価値観の影響がないか、確認してみるべきでしょう。自分の現状をひたすら肯定する姿勢は、入念に考えなおしてみると、ほとんどが自分自身の思いではなく他人の言葉であることに気がつくはずです。

過去をふりかえって、どんな言葉が自分の人生に影響を与えたかを書き出してみるとよいでしょう。

人間はいま大切なものしか見ようとしない

人間の情報処理能力は非常に限られています。見える光の周波数も、聞こえる音の周波数も、ものすごく小さいのです。壁の向こう側を透視することはできません。人間が認識可能なのは、限定された空間のみなのです。

そうした物理的な意味での認識の狭さもたしかにありますが、もっと大きな問題があります。私たちの認識は「すでに知っているもの」しか見ることができないということです。

知らないものは見えない。そのうえ知っているものであっても、そのときのリアルタイムで重要性の高いものしか目に入らないようにできています。

心理学用語に「スコトーマ」という概念があります。前にも出てきましたが、スコトーマとは「心理的盲点」という意味です。

具体的な例で説明します。

車が好きな男の子が、街で走っている乗用車を見かけたら「あれはトヨタの〇〇だ」「あれはベンツの〇〇だ」と、メーカーや車種まで判別がつくでしょう。場合によっては、排気量や性能、エンジン音などの細かい差についても区別できる。

しかし、車にまったく興味のない女の子にとっては、それらはすべて「車」。乗用車とタクシーの違いくらいは見分けられるかもしれませんが、それ以外は、彼女にとってはほとんど同じものです。

つまり、その男の子と女の子では、同じ車を見ていながら、ぜんぜん違うものが見えているのです。それは、二人にとって車の「重要度」が違うからです。

こうした例は車にかぎらず、世の中のあらゆることについていえます。先ほども例に出したように、たとえば年収三〇〇万円がコンフォートゾーンにある人にとっては、年収六〇〇〇万円の稼ぎ方・使い方が見えません。六〇〇〇万円という金額はリアリティがないため、見えなくなっているのです。

もし人間が、自分が存在する世界をすべて認識できたら、脳がパンクしてしまいます。視覚でいえば、眼球の網膜に映って、視神経を通じて脳に送り込まれた映像情報のうち、ほんのごく一部しか脳は解釈していない。眼球が見たすべての映像を解釈することになったら、脳はあっという間にオーバーヒートしてしまうのです。

だから人間は、自分にとっての重要性を基準に世界を分類し、重要度が高いものしか見えないようにできているのです。自分の安住するコンフォートゾーンから外れたところにあるものは、重要度が低いために見えなくなっている。

コンフォートゾーンをズラす意味はそこにあります。コンフォートゾーンをズラすことで、いままで見えなかったスコトーマを見ることが可能になるのです。

あんなにいい娘がなぜダメ男に引っかかるのか

たとえば、ある女性がいつもろくでもない男にばかり引っかかっていたとします。容姿端麗で性格もよいのに、なぜあんなダメ男とばかりつきあうのだろうと、周囲はみんな不思議に思っています。みなさんの周りにも、そんな女性の一人や二人はいるのではないでしょうか。

それは、その女性本人が、ろくでもない男にだけコンフォートゾーンを感じているからにほかなりません。彼女にとっては優しくて尽くしてくれる男よりも、優柔不断で弱々しいダメ男に尽くしているほうが快適なのです。こういうことは決して少なくありません。

女性だけでなく男性もそう。男性の場合、自分と似た人にコンフォートゾーンを感じる傾向があります。

私のパートナーであるルー・タイスは、お話ししたように四十年前は高校のフットボールコーチでした。当時の彼は、見かけからしていかにもフットボールコーチらしい筋肉質で体育会系のタイプでした。しかし彼の奥さんは、高校で芸術を教える教師をしていて、ルー・タイスとは正反対のタイプでした。

その奥さんが友だちの芸術の教師たちとパーティを開くと、ルー・タイスはその場に行くのがとても嫌だったといいます。どうしても仕方がなく行くときには、仲間のフットボールコーチを一人連れていったそうです。

彼にとっては、芸術家ばかりが集まっている雰囲気がイヤでたまらなかったのです。フットボールコーチとしての価値観に染まっていた当時の彼からすると、「男なのに芸術の教師をしているようなヤツは絶対にゲイだ」と確信していたそうです。つまり彼にとって、その場はコンフォートゾーンではなかったのです。

ここからもわかるように、よほど意識していなければ、自分が快適に感じる人たちとだけつるむようになってしまいます。多様な人間関係を築くことができない人は、みずからスコトーマにはまっているのです。

コンフォートゾーンから外れるとIQが下がる

会社や学校などの組織にいれば、不条理にも周囲とうまくいかないケースは少なからず生じます。それはつまり、自分のコンフォートゾーンから外れた場にいることを意味します。そうした場所に我慢していつづけると、健康面にも心理面にもさまざまな弊害が起こってきます。

まず確実にいえることとして、IQが下がります。つまり、バカになります。

コンフォートゾーンから外れていると、人間の脈拍や内臓をコントロールしている自律神経系が、交感神経優位の緊張状態にあります。これは要するに、敵と戦っているストレス状態です。脈拍が速まって血管が収縮し、いつでも危険から逃げ出せるような臨戦態勢です。

原始時代でいえば、山に狩猟に行き、槍を抱えて走っているときが、コンフォートゾーンから外れた状態です。お腹が空いて敵と戦っているのですから、極度の緊張状態にあります。

逆にコンフォートゾーンに入っていると、リラックスして副交感神経が優位の状態です。無事に獲物を捕まえて家に持ち帰り、たらふくご飯を食べているのがコンフォートゾーンにいるときです。

脳にも違いが生じます。槍を手にして走っているときの脳は、原始的な部位である脳《のう》幹《かん》が優位の状態にあります。そして家に帰ってリラックスしてご飯を食べているときは、あとから進化した前頭前野が優位な状態にあります。

情動が活発に動いているときは、おもに社会的な行動を担う前頭前野の内側よりも、扁桃体《へんとうたい》や中脳といった脳幹に近いところが反応しています。これらはより原始的な脳といわれており、そこで起こる感情は「動物」としての情動なのです。

つまり単純にいうと、コンフォートゾーンから外れているとき、人間は動物に近くなるのです。自己防衛的になるか、逆に必要以上に攻撃的になります。そのため客観的に俯瞰《ふかん》して状況をとらえることができなくなり、それでＩＱが下がるのです。

かつて、アメリカでケネディ大統領やマーティン・ルーサー・キング・ジュニアが暗殺されたのちに一時、人種差別が大きな社会問題となりました。そこで差別を少しでもなくそうと、黒人区の子どもたちを白人区に無理やり通わせようとする政策をとったことがあります（その反対に白人を黒人区に通わせることは、ほとんどありませんでした）。黒人の子どもをスクールバスに乗せて、遠く離れた白人の多い区に通わせるのです。白人ばかりの学校のなかに、黒人はたった一人か二人です。

しばらくその政策を続けてみたところ、やがて白人街の学区に連れていかれた黒人の子どもたちは、みんなそろって成績が悪かったのです。そのため「黒人はバカだ」と、さらに差別が深まる結果になったのです。

黒人の子どもたちにとっては、じつに気の毒な政策でした。

実際には黒人と白人のあいだで、器質的に脳やIQに差があることはありません。しかし黒人の子どもたちの成績は現実に下がった。それはひとえに、黒人の子どもたちがコンフォートゾーンから外れた環境に無理やり置かれたからなのです。

相手を怒らせればディベートに勝てる

車を運転すると、急に人が変わったように乱暴になる人がいますが、そういう人もカーッと頭に血が上ってIQが下がっているのです。そうなると判断力が急激に落ちますから、事故を起こす危険性が高まります。

私はアメリカで過ごした学生時代から長年、ディベートを訓練してきました。ディベ

黒人区
黒人区
黒人区の子どもを
遠くの白人区へ
無理に通わせる政策
SCHOOL BUS
自分のコンフォートゾーンから外れた
結果
ストレスで
IQが
低下！
白人区
ぽつーん
白人の子どもたち

ートでは、相手を怒らせると勝てる確率が飛躍的に高まります。怒るとみな論理展開が崩れていくからです。

相手を怒らせるにはどうすればいいか。それがディベートのテクニックとしてもあるほどポピュラーな手法です。

日本はディベート文化の国ではないので、議論で相手を怒らせると喧嘩になってしまうのですが、アメリカでは相手を怒らせるのは、交渉においてよくあることなのです。実際に怒ったときはみなバカなことをしてしまいます。

前頭前野での論理的な情報処理が抑えられているという点では、悲しい気分のときも同じです。それもつまり、コンフォートゾーンから外れている状態なのです。

人はコンフォートゾーンにいるときは、悲しがったり怒ったりはしません。リラックスして、気持ちがなんとなくウキウキしている状態です。もしもあなたが、ふだんから気持ちが沈みがちだったり、怒りっぽい傾向があるのなら、自分がコンフォートゾーンにいないのが原因である可能性が高いといえます。

成功イメージはモチベーションを上げる諸刃の剣

物事に対してやる気が起きない、前向きな気持ちになれない。そういう気分に陥ることもときにはあるでしょう。どうすればやる気、つまりモチベーションを上げることができるのでしょうか。

モチベーションを上げたいときには、「自分という馬の鼻先にニンジンをぶら下げる」のが基本的な考え方です。ただしその「ニンジン」は物理的なモノではなく、「未来のなりたい自分」「将来の成功した自分」のセルフイメージです。

そのようなセルフイメージをもつことが、モチベーションを上げるには非常に大切なのですが、重要な注意点があります。それは「すでに自分は成功している」とのイメージをもってはいけないことです。

多くの自己啓発本には「成功するイメージを強くもちなさい」などと書いてあります。だからといって、現在の自分のコンフォートゾーンのままで成功イメージを強くしてしまうと、「このままでも夢は達成できる」と勘違いしてしまい、モチベーションが消えていきます。現在の自己イメージが飛躍していると、モチベーションは弱くなっていくのです。

馬の鼻先にニンジンをぶら下げるのは効果的ですが、口の中にニンジンを押し込んでしまっては意味がありません。巷によくある自己啓発本には、まさに「ニンジンを口に押し込んだイメージをしなさい」と説く本が多いのです。

それはお腹が空いている人に対して、「自分は満腹だ」と思い込めというのと同じです。それを信じてしまっては、ほんとうは空腹なのに、食べる意欲を失ってしまうことになるのです。大切なのは、自分が空腹であること、つまり現状に満足していないのを認識することなのです。

また、コンフォートゾーンをズラさずに成功をめざすと、知らず知らずのうちに他人に与えられた目標の奴隷になる危険もあります。現在の自分が考える「こうなりたい」という欲求が「奴隷の夢」であることは少なくありません。夢そのものがだれかにけしかけられたものである場合があるのです。だから先ほど述べた方法で、ほんとうの夢を探し出す努力をしないといけないのです。

くりかえしになりますが、はじめに「将来、自分はこういう人になることが決まっている。その前提として、いま現在はこうでなくてはならない」と想定することです。時間の流れでいえば、まずは「未来の状況」を想定し、その結果として「現在の状況はこうあるべき」と考えるのです。

つまり時間のイメージを、過去から未来に向かって進ませるのではなく、未来から現在に向かって流れていると想定する。そうすれば、いまはどういう状態にならなければならないか、何をなすべきかが明確になります。

将来、社長になりたいのであれば、まずは自分が社長のイスに座っているイメージを抱いてみる。社長の留守中にこっそり社長室に行って、実際にイスに腰掛けてみてもいいでしょう。「社長とはこういうものだ」という実感をもつことです。

その際に注意すべきなのは、会社社員が社長になりたいというのは、ゴールにはならないということ。なぜなら、それは理想的な現状にすぎないからで、かえって現状のコンフォートゾーンに自分を縛ってしまいます。ゴールは現状の外側になくてはなりません。ですから、学生やフリーターが企業の社長をめざすなら、そのゴールは有効です。

未来のイメージをリアルに思い浮かべるのはよいことですが、現在の自己イメージは客観的でなくてはいけません。「ほんとうの自分はこんなにすごいはずなのに、いまはなぜかこういう状態にある。それを正さなければならない」と無意識が認識すればいいのです。

知識の習得もホメオスタシスの一種

私が考えるよい教育とは、子どもが自分から進んで知識を習得したくなる環境を整えてあげることです。

私の子どもが五歳のときにザリガニを取ってきました。彼はそのザリガニを育てたいといいだし、自分でグーグルで調べて、育て方がくわしく書いてある本があることを知り、「買ってくれ」と私に頼んできました。私がその本を買い与えると、彼は夢中で読み込み、いまも自分でザリガニを育てています。

他人に与えられたのではなく、自力でザリガニを取ってきて、それについて調べたいとの意欲が湧き、本を買ってくれと親に頼んでくる。それも五歳児がです。私はこれこそが教育だと考えています。

やりたいことを自由にやることで、自然とコンフォートゾーンが上へと向かっていき、スコトーマが外れて見えなかったものが見えてくる。すると自分が知りたい知識が何なのかがわかってくるのです。知りたいという欲求があれば、どんどん新しい知識を吸収できるようにもなります。

自分が知りたいことがあるのに、その知識を得る手段がいまの自分にはない。これは人間にとって不快な状況です。だから、それを埋めるために本屋に行ったり図書館に行ったりして、本を読んで勉強する。その結果、知識を得て満足する。

この行為からもわかるように、知識を習得するという行為も、まさに人間のホメオスタシスの一つなのです。生物として足りないものがあると感じるからこそ、人は学習する意欲が湧いてきます。

「学校が楽しい」とウチの息子はよくいっていますが、本人が自主的にやりたいからこそ学ばせるのが何よりも大切です。そういう学習をくりかえした子どもは、「学校に行けば必要な知識を効率的に学ぶことができる」と自然に気づいて、みずから進んで学校に行きたがるようになるはずです。

スケジュールがいっぱいでないと不安になる日本人

ここまで述べてきた私の考え方とは正反対に、日本人は昔から、自分を束縛してくれる教えを好む傾向があります。私の言葉でいえば「奴隷の思想」なのですが、歴史的にもずっと日本人は「お上《かみ》」のいうことを聞くのをよしとしてきましたので、民族的に「奴隷の思想」が骨肉化しているのかもしれません。

自分を束縛する考え方といえば、たとえば「受験戦争」もまさにその一つです。受験勉強に代表されるように、多くの人が子どものころからいつも目標を与えられ、何かをやっていないと不安に苛《さいな》まれるように育てられています。

私はかつて、慶應義塾大学の湘南藤沢キャンパス（ＳＦＣ）が設立されたときに、クラスを手伝っていたことがありました。SFCがスタートした最初の年でしたが、高校を出たばかりの大学生がみな、自分のスケジュール帳をしっかりもっていることに驚きました。そしてそこには、びっしりと朝から晩まで予定が書き込まれているのです。授業はもちろん、夜の飲み会や遊びの予定など、一カ月先までスケジュール帳が文字で埋め尽くされている。

彼らと話してみると、「スケジュール帳がいっぱいになっていないと不安だ」というのです。自分のスケジュールが予定で満タンであることが、日々を有意義に過ごしている判断基準になっているのです。

その予定が合コンであろうが何だろうが問題ではありません。スケジュールの中身はどうでもいいのです。

私たちのような科学者は逆に、スケジュールがすっからかんであればあるほど嬉しく感じます。なぜなら予定の入っている時間は、科学者にとって生産性のある時間とはいえないからです。学者は、研究した結果を論文に書いて発表することが求められますが、論文を書くこと自体は生産ではありません。あくまでも研究することが学者の仕事にとっての生産活動になります。

すでに生産したことを活字にする行為は、研究者とっては「必要な作業」です。小説家ならば本を書くことが生産行為になりますが、研究者にとっては学問そのものを追究するのが生産であり、文章を書くのはその結果なのです。

学問というのは、すっからかんの時間がないとできないのです。だれにも会わずに考えているのが学問なのですから。だから学者にとっては、スケジュールが空っぽのときがいちばん生産的なのです。世界じゅうの学者が、そのように生きているはずです。

ところが学生たちは違いました。だれかに会ったり、どこかに行ったり、予定でスケジュールがいっぱいだと「生産的に過ごしている」気分になれるというのです。

そのとき私は「これが日本の受験生の姿なんだ」と感じました。

日本国内に限れば、大学受験において東京大学より上の存在はありません。そう考えると、目標の大学を定めて受験勉強することは、そんなにたいへんなことではない。勉強したい分野が明確なのであれば、それが学べればよいのですから、本質的には大学の名前自体は東大だろうが早稲田だろうが、どこでもいいのです。

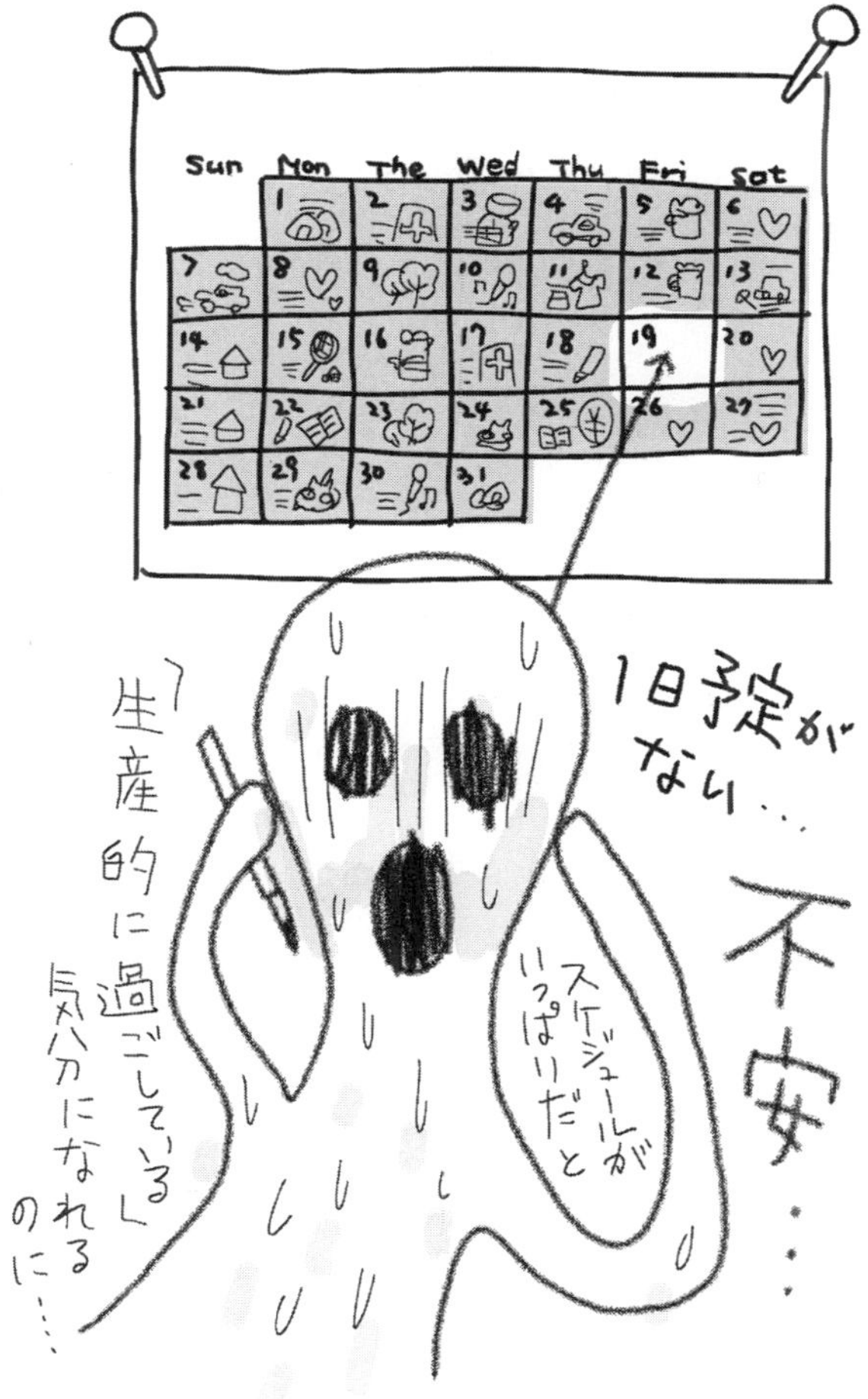
Sun Mon The Wed Thu Fri Sat
1日予定がない…
不安…
スケジュールがいっぱいだと
「生産的に過ごしている」気分になれるのに…

どれか一つの大学をめざして、合格に必要な知識を身につけるくらいの勉強量は、たかが知れています。それが試験ともなると、無限に点を取らなければならないかのように、朝から晩まで勉強のスケジュールをびっしりと入れてしまう。

可能なかぎり、一つでも偏差値が上のランクの学校に行かなければならないと、朝から晩まで受験勉強しなければ問題であるかのように追い込まれている。

上をめざすこと自体はよいことです。問題は、子どものころから自分の行動を、なんらかの価値に合わせて徹底的に束縛することがよいことである、そうでないと不安になるような教育を受けつづけていることです。

それは「奴隷の思想」です。朝から晩まで働くのが当然で、ぶらぶらしている人間は非難されるべきであるとの価値観に洗脳されてしまっているのです。

お受験ママの「洗脳教育」

たまに近所のホテルのカフェにランチを食べにいくと、私立小学校の制服を着た子どもたちと、そのお母さんをよく見かけます。

会話に耳を傾けると、「○○の私立ではこうなのよ」「同級生に俳優のだれだれのお子さんがいて」といった会話が聞こえてきます。

そのようなスノビッシュなグループのなかで共有されている価値に浸《つ》かることで、自己実現したかのような満足感を得ているのだと思われます。そんな彼女たちも、家に帰れば旦那はサラリーマンで、リストラの危険に怯《おび》えているかもしれないのですが……。

近年の東京都市部では、小学校に入学するときから「お受験」をするのが上流階級に入るためのステータスの一つとなりつつあります。一部では幼稚園に入るときからお受験を始めている親子もいます。

よい小学校に入るために四、五歳のときから塾へ通って習いごとをする。どこか異常なことだと思わないのでしょうか。「よい学校に入れないと一生を棒に振るかもしれない」との不安感が母親の心を覆《おお》っているのです。

「お隣さんは毎日、塾に通っているのに、ウチは週一回しか行かないで大丈夫かしら」と不安をいつも抱えている。それで幼稚園や小学校のころから、朝から晩までびっしりとお稽古《けいこ》ごとや塾で子どもの時間を埋めていきます。それらのお稽古ごとやスポーツクラブにしても、「名門サッカークラブに入れよう」「有名なピアノの先生に習わせよう」といった具合に、つねに外部の何かしらの評価軸に従う生き方を続けていくのです。

そうした環境で育った子どもが大人になったら、はたしてどうなるでしょうか。

ほとんどの人が「行動を束縛してくれるのが嬉しくて仕方がない」状態になります。他人から「あれをしろ」「これをしろ」「これはするな」と決まったルールを課せられるほうが安心で居心地がよいと感じるようになってしまうのです。

それこそが「奴隷化」だと私は考えます。二十四時間、他人から「このルールに従って生きなさい」と命じられ、そのとおりに生きることは奴隷以外の何物でもありません。母親たちは、気づかないうちに自分の子どもを奴隷の状態でいることに満足するように「洗脳」しているのです。

マナー教育は正義の名を借りた「奴隷化」

近年、ある女子大の学長さんが女性向けに生き方を指南する本を書いて、お受験ママたちが娘にぜひ読ませたいとたいへんな評判となりました。その内容は「お礼状は早めに出しましょう」とか、「挨拶《あいさつ》はこうしましょう」といった「女性はこうあるべきだ」というマナーを教え諭《さと》すものです。

アメリカにも女性にマナーを教える「ジョン・ロバート・パワーズスクール」という世界的なフィニッシングスクールがありますが、それと同じようなものでしょうか。かつて女性向けに「男性からの一回目の誘いは必ず断ること」といったデートのマニュアルを書いた本がありましたが、それも同じです。いずれも行動の規範をこと細かく伝授してくれるため、読むと安心するのです。そのとおりに行動する自分が正しいと思えるのです。

こうしたマニュアルに従ってそのとおりに行動しようと考えるのは、「情報空間における化粧」といえます。優美な立ち居ふるまいや話し方を心がけ、マナーに従って生きましょうというのは、自分を情報空間でメークアップして、ある決まった価値観に人よりも早くしっかりと適応しなければならないということです。

そこには、差別思想を含んだ儒教的な思想が残存しているように思います。

儒教といえば「長幼の序」や「親を敬う」といった教えで知られていますが、その根本には、皇帝を頂点として、人民を上から下まで順位づけして区別する考え方があります。中国では昔から儒教を利用した支配の論理で政治が行われてきました。日本においても、士農工商という身分制度が江戸時代を通じて長く敷かれましたし、それを打破したはずの明治政府も華族という制度を残して支配のシステムをつくりあげました。

つまり儒教とはひと言でいえば、「支配者にとって都合のよい奴隷をつくるための教え」なのです。

とはいえ「儒教は支配の論理だ」といわれても、たいていの人は「そういえばそういう一面もあるかもしれないね」と思うくらいでしょう。「でも年長者を敬うのはいいことなんじゃないの？」と受け取る人が多いのではないかと思います。

しかし実際には、上位者に従うことがもっとも優れた態度である、そうでなければ幸せな人生を送れないという、正義の名を借りた強制システムがそこには働いている。その根底に流れる「支配の論理」は、これからの世界には必要のない考え方だと私は思います。長男のほうが妹より重要であるという儒教は、大げさにいえば日本国憲法の理念にも反しており、その点で二十一世紀には不要な差別思想でしょう。

結局のところ、女は良妻賢母になることがもっともすばらしい生き方であるとの決まりきった価値観を押しつけられているのです。著者は意図していないでしょうが、これも一種の「洗脳」といえます。

「自分が愛されるよりも他人を愛せ」という考え方はとてもすばらしい。しかしその言葉が、自分よりも上位の人間から強制された場合、それは「自分に服従せよ」という意味になります。家庭に入って夫と子どもを愛するというのも、ほんとうに自分が欲する生活であればよいのですが、他人に強制されるものではありません。

会社で働く営業マンには目標の数字が与えられ、それを達成することが仕事の至上価値のように上司に教えられますが、これも洗脳です。上司はさらにその上司に「部下に目標を達成させるのがおまえの価値だ」と洗脳されているのです。

ですからまず、何かしら他人に「こうしたほうがいい」といわれたら、それがほんとうに自分のしたいことかどうかを考えてみるべきです。その過程を経ずに盲目《もうもく》的に受け容れていると、知らず知らずのうちに奴隷状態に置かれる危険性があります。

さらに問題なのは、そうした奴隷状態がむしろラクになってしまうことです。ほんとうはつらい毎日なのに、それがコンフォートゾーンとして定着してしまい抜け出せなくなっている人の姿は、朝の通勤電車に乗ればそこかしこで目にすることができるはずです。

大前提として、コンフォートゾーンは他人に選ばせるのではなく、自分で選ぶことです。つねにそのことを念頭に置いておくと、人生が少しずつ自分のものになっていきます。

「郷に入れば郷に従え」は正しいのか

「当たり前」と思われていることが、じつはなんの根拠もない「洗脳」の結果であることはよくあります。

フランス料理の店に行くと、まるで宮廷にいるかのように銀の食器が並んでいる光景を目にします。フォークとナイフは外側から順番に使うといったように、西洋的な食事のマナーに従うのが当然に思えてくる雰囲気が漂います。その場にいる全員が、なんの疑いもなく西洋式のマナーに従うわけですが、よくよく考えれば不思議な光景です。

日本人なのだから、べつに箸で食べてもいいのです。実際、ウェイターに「箸をください」といえばすぐにもってきてくれます。

しかしナイフとフォークが整然と並んでいると、それらを決まった順番に使わなければならないような気分になってしまう。毎日、箸で食事をとって育ってきた日本人が、フランス料理を出された瞬間に、なぜナイフとフォークで食べなければいけないのか。そうしなければいけない根拠があるのでしょうか。それとも、フランス料理は銀の食器で食べたほうがおいしいのでしょうか。

「いや、おいしい」と断言できる人は、それでいい。自分なりの考えをもって、フランス料理にはナイフとフォークなのだとみずから選び取っているならば、そこに「支配の論理」は隠れていません。実際は木の箸で食べたほうが使い勝手もよくおいしいのに、そんなことはつゆほども考えず、「郷に入れば郷に従え」を思考停止のまま実践してしまう。これこそが「奴隷の思想」なのです。

イギリスのエリザベス女王がかつて、ある小国の王さまを宮廷に招いたときに、その王さまが手を洗うフィンガーボウルの水を、それと知らずに飲んでしまったことがありました。それを見たエリザベス女王は、恥をかかせないために自分もフィンガーボウルの水を飲んだといいます。

これこそが本物のマナーです。マナーとは相手を慮《おもんぱか》ることなのです。

本来ならば、フランス料理を日本にもってきた最初の料理人が、日本人を慮って最初から箸を使って食べてもらえばよかったのですが、彼らにとっては日本人を気づかうことよりも、フランスの宮廷文化を世界に広めることのほうが大切だったのでしょう。

ともかく、フランス料理をナイフとフォークで食べるのは、マナーでも当たり前のことでもなんでもありません。

一方で、日本のワインブームにも似たような奇妙さを感じます。一部の日本人がフランスの高級ワインを「うまい、うまい」といって、何万円も払って喜んで飲んでいますが、それもヘンな話です。フランスに行ってみるとわかりますが、向こうの一般家庭で飲むワインは、牛乳の紙パックのような容器で売られています。

カフェでもその紙パックのワインを出していて、たいていのフランス人はそれを飲んでいます。値段でいえば日本円にして一リットル五〇〇円くらいのもの。それがフランス人にとっては食事のときに飲むふつうのワインです。日本の高級レストランで出てくるボルドーの何年もののような七、八万円もするワインは、一部の王侯貴族だけのものなのです。

日本人は、高級なものこそ真のフランスワインで、それを飲むのがステータスのように思い込んでいるのでしょう。たしかにそうかもしれませんが、本場のフランス人にしてみれば、日本の一般庶民が、お祭り用のワインである「ボジョレー・ヌヴォー」を毎年ありがたがって飲んでいるのを見て、「味もわからない極東のアジア人が、自分たちの文化であるワインを勘違いして飲んでいる」と嗤《わら》っているかもしれません。

ネクタイは「スコトーマ」の象徴

国会議員や上場企業の社長に面会するときでも、私はいつも革のパンツと革ジャンを着ていきます。先方はネクタイを締めていますが、気にしません。名刺入れさえもっていませんので、ポケットやカバンから名刺を直接取り出して渡します。ときにはカバンの中で名刺がヨレヨレになっていることもあります。

マナーという点では最悪といわれても仕方がない。マナーに関する本を読むまでもなく、オフィシャルな場で初対面の人と会うときは、ネクタイを締めて背広を着ていくのがルールだと暗黙のうちに染みついていることでしょう。

しかし初対面の人と会うときに気をつけるべきは、人と人どうしの心地よい関係をつくることです。マナーはそのための方法論として生まれてきたにすぎません。つまりマナーは処世術なのです。極論すれば、人間関係が良好になるのであれば、マナーなんて実際はどうでもいいのです。

たんなる処世術が、人の行動を必要以上に縛り、そのうえフィロソフィにまでなっているのは本末転倒です。

ルールとマナーは根本的に違います。ルールは、それに違反をするとお互いが被害を被《こうむ》ることになるので、話し合いによって事前に枠組みを決めておきましょうと、民主的につくられるものです。その代表が法律です。

しかしマナーは、だれから強要されるものでもない自主規制です。マナーにやたらとうるさい人がいますが、その人は他人を「差別」する道具としてマナーを使っていないでしょうか。「あんな食べ方は品がない」「あんな格好は非常識だ」などと、自分の価値観を他人に押しつけて見下す材料に使われていないでしょうか。

私自身は人に会うからといって、ネクタイを締めたことなどありません。なんの悪意もありませんから結局は「そういう人なんですね」ですんでしまいますし、むしろほとんどの人と親しい関係を築くことができています。

みなさんもそうすればいいと思うのですが、すると「それは苫米地さんのような立場だからできるけど、サラリーマンはそういうわけにはいかないんですよ」と自嘲《じちょう》気味にいわれてしまうでしょう。

けれども私には、その根拠がまったくわかりません。

ネクタイはもともと防寒具が起源であるとする説がありますし、それが時を経てイギリス紳士の正装となったわけですが、いま日本のビジネスマンに「なぜネクタイを締めるのですか」と尋ねて、「寒さを防ぐため」とか「紳士のたしなみだから」と答える人はいないでしょう。「ビジネス社会ではネクタイを締めるのが当然だから」というのが大方の答えだと思います。

意地悪な言い方をすれば、「上司や社長や同僚が、私がネクタイを締めるのを期待しているから」ということです。しかし当の上司だって、心の底ではネクタイなんてやめたいと思っているかもしれないのです。

ビジネスマンたる者、そうした上司の期待に応えることで、はじめて出世したり給料が上がるものだと、だれもが当然のごとく信じていますが、そのような思い込みによって、自分にとって真に重要なものをたくさん失っている可能性がある。

脳科学的にいえば、ネクタイはまさしくスコトーマの象徴です。ネクタイを締めずに会社に行くことで、別の可能性があるかもしれないのに、それをみすみす放棄している。本来あるべき自分ではないもう一人の自分を仮想化してつくりだし、それに自分自身を無理やり合わせているのです。

他人に信頼されるための条件は、何よりも「本音で生きること」だと私は思っています。裏表のない、カッコつけない生き方がいちばん信頼されます。多くの人はそれがわかっているはずなのですが、なぜか世間の体裁を気にしてしまう。

私はよく「なぜそんなに好き勝手に自由に生きていられるのですか」と驚かれます。しかし私と仕事をともにしてくれる人たちは、私が自由気ままに生きているからこそ信頼してくれるのだと思う。ネクタイを締めて、いかにもといった雰囲気を醸《かも》し出してカッコつけていたら、はたして安心してつきあってくれるでしょうか。

他人につくられたマナーを後生大事に身につけ、品格と建て前と格好に気をつかい、バーチャルな人間関係を維持するためにあくせくする。それはむしろ互いを生身の人間として尊重し合うことのない、本音のないつきあいです。

人は基本的に好きな格好をすればいいのです。心からネクタイが好きな人は好きにすればいいと思いますが、ほんとうに自分が欲しているものを探したいのなら、まずはネクタイを外してみてはどうでしょうか。

試しに一週間、他人に迷惑をかけない範囲で自分のやりたいように好き勝手に生きてみましょう。本来の自分が心地よい服装が見つかれれば、表情も心の状態も変わっていきます。そしてきっと、周囲の目もポジティブに変化するはずです。

それは、ほんとうにあなたがやりたいことですか

私の考えを若い人に伝えると、「『have to』ではなく『want to』で生きたいけれど、経済的に不可能ではないか」としばしば反応されますが、その考えも誤っています。

そういう人が気にしているのは、やりたいことをやることで職を失ってしまい、欲しいものが手に入らなくなるかもしれないという恐怖でしょう。

では、その「欲しいもの」は、ほんとうにあなた自身が欲しいと感じているものなのですか?

ブランド、マイホーム、はたまたお金そのもの……。テレビを中心としたメディアに「欲しい」と思わされているだけではないですか?

自分が欲しいと思っているものも、じつは「want」ではなく「手に入れなければならない」と他人に洗脳された「have to」の結果であることが非常に多いのです。

人間がほんとうに欲しいものは、お金では絶対に手に入らないのです。愛情、信頼、尊敬といったものは、決してお金を支払ったからといって受け取れるものではありません。

「やりたいことをやっていては経済的に成り立たない」との考えが頭の隅に少しでも生じたら、「そう思う自分は洗脳されている」とすぐに認識したほうがいい。

もう一つ若い人に伝えたいのは、「やりたいことをやっても絶対に生きていける」ということ。

四百万年前に人類がこの地上に誕生し、一万年前に農耕を覚えたことによって、飢餓《きが》は格段に減りました。そして三、四十年前には化学肥料などの開発が進み、人類はほんとうの意味で飢餓を克服しました。

いまでは人間一人ひとりに必要な総カロリーの合計を、人類が生み出す食料全体の生産量が上回り、それ以上の生産をする余裕も十分にある。ただし政治的問題により、世界では一〇億人が飢餓状態にあるという経済の矛盾があるのは事実です。

とはいえ日本のような世界でもトップクラスの裕福な国では、国民が餓死することなどふつうに考えればありえません。日本に不法入国している外国人だって餓死したというニュースは聞かないのです。ましてや国籍をもつ日本人は、よほどのことがないかぎり餓死することはありません。日本人は特別に恵まれているのです。

たとえケガをしたり病気になって働けなくなっても、そのときのためにこそ国の社会保障制度はあるのです。事業に失敗して、たとえ一〇〇億円の借金を背負ったとしても、自己破産を申請すればやりなおしは可能です。

少々乱暴な論理に思われるかもしれませんが、どんな状況になっても日本人は「死ぬことはない」のですから、迷わず自分のやりたいことをやってみたらどうですか。

第3章

日本人はなぜお金にだまされやすいのか

麻原がイケメンに見えていたオウム信者

洗脳の原理を解明することを専門とする私は、かつてオウム真理教の信者を洗脳から解き放つ任に当たったことがあります。その仕事を通じて何人もの信者と出会うことになりましたが、その際にたいへん興味深い体験をしました。

私が信者たちのところへ行くと、彼らはクモの子を散らすように逃げ惑ったのです。同じ空間にいるだけでも恐怖を感じていたようで、頭を触ろうものなら「ギャーッ」と大騒ぎしたものです。

彼らにとって、私という人間は地獄からの使者のような存在で、私と同じ空気を吸っただけでもカルマ（業）が移って地獄に落ちてしまうと思っているようでした。どうやら「苫米地は地獄からやってきたヤツだ」とオウムでは教えられていて、事実、彼らの目には私が鬼のような姿に見えていたのです。

家族に対しても同じです。オウム真理教の信者にとって、教団から無理やり家に連れもどして脱会させようとする親の顔は、鬼そのものに見えていました。

しかし驚くべきことに、あのでっぷりと太った教祖・麻原彰晃が、彼らの目にはまたとないイケメンに映っていたのです。当時のオウム真理教のパンフレットや会報などに描かれた麻原の顔は、たいへん美化されており、信者たちが心からカッコいいと思っていたことがわかります。

まさに洗脳の結果といえますが、彼らにとってはそれが現実だったのです。洗脳によって彼らのリアリティは、麻原がハンサムで家族が鬼に見えるように変容させられ、その状態が維持されるようになっていました。青色がかったサングラスをかけていると、すべての景色が青っぽく見えるのと同じです。すべての物事の解釈が変わってしまうのです。

物理世界も目に映った情報にすぎない

自分の親が鬼に見えて、麻原彰晃がハンサムに見える。このことからも、人の認識というものは、それほど揺らいでいて不確かなものであることがわかります。

オウム信者に限った話ではなく、私たちもまた気づいていないだけで、そのような「フィルター」を通して世界を認識しています。

たとえば、どんな女性が「美人」であるかは、時代によって大きく変わる。

現代はテレビによく出る売れっ子アイドルや女優が美人の基準とされますが、平安時代の日本ではうりざね顔の女性が美人と思われていたでしょうし、江戸時代だったら浮世絵に描かれたお歯黒をした女性が美人だったでしょう。いまテレビでもてはやされるような、目がパッチリで顔が小さく、真っ白い歯の女性タレントを江戸時代の人が見たら、「なんてヘンな顔なんだ」と思ったにちがいありません。

私たちが美人だと思う感覚もまた、その時々のメディアによって刷り込まれているわけです。いかにメディアの影響が大きいかはいうまでもないでしょう。

そもそも人間は世界を「情報」として認識します。現実の人間や事物に向き合ったときにも、必ず情報としてそれらを解釈する。たとえば好きな人のことを思い浮かべて、「あの人はいったいいま、どういう気持ちでいるのだろうか」と考えているときも、脳裏に浮かんでいる相手は、自分の目に映った過去の映像に基づく情報にほかなりません。

そして重要なことは、「その映像は、テレビの画面を通して見た情報となんの差もない」ということなのです。

いま目の前に見えるものも、物体に当たって反射した光の信号を、神経が電流に換えて大脳に送り、それが大脳の前頭前野で情報処理されて、さらに海馬《かいば》が保存していた記憶と照らし合わす――そのような一連のプロセスをたどることによって、はじめて認識が成り立っているわけです。

つまり、すべては脳の情報処理の結果なのです。

ですから脳にとってみれば、同じ情報が入力されるならば、物理的に目の前にあるものなのか、地球の裏側にあるものを映像で見ているかには、なんの差も存在しません。あるのは臨場感の強さの差だけです。目の前のものを見たほうが臨場感が高いと感じるのは、映像よりも眼球で見たほうが解像度が高く、音やにおい、空気の流れといった情報も同時に得ることができるからです。

いまのところは肉眼よりも臨場感を高く感じるメディアは発明されていませんが、百年後にどうなっているかわかったものではありません。人間の目の解像度は、じつはそれほど高くない。おそらくデジタルカメラの画素数でいえば、三〇〇〇万画素くらいのものだと推測されます。

今後、技術が発展すれば、脳に高性能のカメラを直結して映像信号を流したほうが、実際に目の前で見るよりもはるかに解像度が上がる可能性もあります。

近眼の人を想像すればわかりやすいでしょう。近眼の人は、メガネを外した場合とメガネをかけた場合で、見え方に圧倒的な差があります。彼らはガラスレンズというフィルターを通すことで、より高いリアリティを獲得しているわけです。

将来的には、メガネの代わりに超高性能の「メガネ型ディスプレイ」なるものが発明されるかもしれない。そうなったときには、地球の裏側に存在するものの情報が超高速度のブロードバンドでメガネに送信され、リアリティをもって見ることができるようになる。そのときの人間の世界認識は、きっといまとは違ったかたちになっているでしょう。

コメント
ももよ
はじめまして！
ももと玉ねぎって
ちょっと似てます
よね ww
味はぜ〜んぜん
違う！ケド…♡
ねぎおさんの
日記、見ました
……
パチパチパチ
初恋の女性
との記憶
ももと
玉ねぎって
似てるね♡
by ももこ
○月×日
交かん日記
刷り込まれた情報

臨場感を感じる三つの要素

人間が臨場感を高く感じるための要素には、大きく三つあります。

一つめは「プレゼンス感」。

プレゼンスとは、日本語でいえば「存在」という意味です。いかに現実にそこに存在しているように感じるか。その度合いが強ければ強いほど、臨場感は高まります。

映像として見える範囲は広ければ広いほうがいいし、解像度も高ければ高いほうがいい。いまのところは目の前にある現実世界ほど高いプレゼンス感を生み出す映像機器はありませんが、先ほどもお話ししたとおり、もし脳に直接イメージを送り出すようなマシンが発明されれば、その限りではなくなります。

二つめは「知的整合性」です。

仮想世界においても、私たちが慣れ親しんでいる重力や慣性の法則といった基本的な力学法則や、物理空間の整合性が保たれている必要があります。放り投げたリンゴが空中に静止しているような空間に臨場感を感じることはできません。現実世界で獲得した自分の記憶や知識ときちんと整合する物理空間がないといけないのです。

三つめが「操作参加性」です。

自分が働きかけることで対象となるものを動かしたり、影響を与えることができるかどうか。一方通行ではなく双方向であるかが大切な要素となります。自分がしゃべったことに対して相手が反応して会話をしてくれると、臨場感は一気に高まります。

寝ているときに見る「夢」を考えてみればわかりやすいでしょう。リアルな夢を見ているとき、人間はそれが現実かどうか区別がつきません。リアルに感じさえすれば、現実の物理空間での出来事なのか情報空間での出来事なのか、人間の脳にはその差が判別できないのです。

さて、こうして臨場感が非常に高まったとき、物理的に目の前にあるかどうかは脳にとってまったく無関係となります。すべては臨場感がどれだけあるか。臨場感がより高い存在が、自分にとってのリアルな存在なのです。

たとえば映画を見ている最中のことを考えてみましょう。

自分がいまいる現実では、うす暗い空間のなかで数百人もの人たちといっしょにイスに腰掛けています。目の前には別のお客さんの後頭部があり、非常口の緑色のサインが彼方に見え、ポップコーンを食べている音が隣から聞こえてくる。

しかし、ひとたび映画が始まると、それらのことが気にならなくなってくる。徐々に現実世界の臨場感が低くなっていき、映画の世界に没頭しはじめます。

そしてある瞬間から、周りのものはいっさい見えなくなり、映画の世界にのめりこんでいる状態に移ります。そのときあなたは、現実の物理空間よりも映画の情報空間のほうにより高い臨場感を感じているのです。映画の主人公が暗闇でモンスターから逃げ惑っていれば、あなたも緊張して脈拍が速くなり、手に汗をかく。あるいは戦闘機があなた目がけて飛んでくれば、思わず体を傾けて避けようと反応してしまう。

すでにテレビやゲームといった映像メディアの登場によって、現代人の世界認識は昔の人と大きく変わっています。家にひきこもって恋愛もののシミュレーションゲームばかりやっている男の子にとっては、恋愛ゲームに出てくる女性が恋愛対象であり、コミュニケーションの対象になっています。アニメオタクだったら、アニメの女の子を自分のカノジョと想定することになんの違和感もないのです。

それを不健全であるとか、おかしいと非難しても、もはや無意味。人間は物理的な存在ではない、情報的な存在にも臨場感を感じることができるように進化しているからです。

一九九〇年ころまでは、「ワープロでつくった書類では心が伝わらない」などといっている人がたくさんいました。インターネットが登場してまもない時代には、「メールでは微細な情感が伝えられない。人の筆跡が残る手紙にはかなわない。だからメールはコミュニケーションのツールとしては欠陥がある」との意見も少なくありませんでした。

それからわずか十数年、いまそのようなことをむやみに口にする人はほとんどいません。電子メールが使えないビジネスマンはそれだけで落ちこぼれとみなされますし、ケータイメールでのコミュニケーションが、絵文字や顔文字などの進化によって、手書きと同じ、あるいはそれ以上に細かい感情のニュアンスを伝えられるようになっています。

情報空間をめぐる社会のありようは、わずかな時間で大きく変貌するものなのです。

私が新入社員のころは、いわゆる「飲みニケーション」がよくいわれました。会社の上司や取引先と連れ立って飲み屋へ行き、酒を通じて仲良くなって、それからビジネスの関係が始まる。それがごくごく一般的でした。いまだにそのような行為を強制する会社は減る一方です。少し前の大手の証券会社や広告会社の営業部では、仕事を取るために年間何億円もの接待費を注ぎ込んでいたそうですが、いまやそんな会社はほとんどなくなりました。外資系のグローバル企業ともなれば、「飲みニケーション」の文化そのものがありません。

時代とともに、コミュニケーションのありようも変化しているのです。

アスペルガーの人たちの豊かな脳内空間

私は長年にわたってプログラム開発の会社を経営してきましたが、そこでこれまで雇ってきたプログラマーたちのなかには、精神科医から見れば「アスペルガー症候群」

（高機能自閉症）と診断されるような人たちが大勢いました。

そのような人たちは、隣に座っている人とも生身で会話せずに、メールでやりとりしてコミュニケーションをすませる。そんな人たちばかりなので、私の会社では忘年会も新年会も行いませんでした。「みんなで酒を飲むより、プログラムを書いていたほうが楽しい」と考える人たちなので、親睦を深めようとするモチベーションがまるでなかったのです。

私自身が採用した人のなかでも、プログラミングの知識と技術が天才的に優れている人ほど、そのような傾向が強かったように思います。

私のアメリカ人の友人が経営するＩＴの会社でも、それに輪をかけたような人ばかりが集まっていると聞きます。米軍のシステムを委託されてつくるくらい優れた技術をもつ会社で、超のつく優秀なプログラマーが全米各地から集まっているのですが、そのほとんどがアスペルガー的な傾向をもっているそうです。

そのように特徴的な社員を抱えている彼の会社では、大事なプロジェクトにかかわっていた社員が心を病んで自殺してしまったケースが少なくないそうで、社員のメンタルヘルスのために精神科医を会社に常駐させています。私の会社の取引先でも、担当者が自殺してしまい困ったことがありました。IT業界の最先端では、たとえそうしたリスクがあっても、あえてアスペルガー的な人材を採用することがあるのです。

なぜかといえば、プログラミングという作業は、自分の脳内に巨大な情報空間を構築し、それを整合的に維持していないと不可能な仕事だからです。何十万行という膨大なプログラムを書き、一つの目的に沿って動くシステムをつくりあげる。それができる人は、自分の内側の世界が外側の物理空間よりはるかに巨大で、はるかに豊かであり、その臨場感を楽しめる人たちなのです。

アスペルガーといえば「外の世界から自分を防衛するために、自分の世界にこもってしまう」というイメージがありました。しかし現代では、逃げるわけではなく、あくまでも積極的に自分の内部世界を楽しむことが仕事においても私生活においても求められています。内面にある巨大な情報空間に対しての臨場感が高いアスペルガー傾向の人たちは、外部世界に対しての重要度が下がっているわけです。

歴史上の人物で典型的なアスペルガーとされるのは、アインシュタインやエディソンなどが有名ですが、中国の高僧で禅宗の開祖として知られる達磨《だるま》大師もそうだったと推測できます。達磨大師には瞑想《めいそう》に没頭するあまり、自分の足が腐ったことさえ気がつかなかったという伝説があります。それくらい自己の内部にある瞑想空間の、巨大な臨場感に没頭できたというのは、ものすごく高度な技術だといえます。

私は昔、ソール・クリプキという有名な哲学者とアメリカの学会でいっしょになったことがあります。クリプキは十三歳のときに、哲学界に影響を与える論文を書いたことで知られる大天才です。私が大学院生だったときに、四十代くらいだったクリプキと遭遇しました。

あるとき私がコロンビア大学の教室にいたところ、クリプキが教室の右側の入り口から入ってきた。私はクリプキ先生に声をかけて何か質問しようかと機会をうかがっていたのですが、彼はすぐ側にいる私の存在にはまったく気がつかない様子で、何かブツブツつぶやきながら反対側のドアから出ていってしまいました。きっと彼の頭の中にはそのとき、何か巨大な空間が広がっていて、周りのことなどどうでもいい状態だったのでしょう。

マイクロソフトを創業したビル・ゲイツは、世界一の金持ちになってもなおボロボロのジーンズを穿《は》くなど着るものに無頓着ですし、アップル社のスティーブ・ジョブズも、幼いときから周囲のことが目に入らずトラブルメーカーとして知られていました。

天才と呼ばれる人には、往々にして脳内世界に生きているタイプが多いものです。

人殺し以外なら何をやってもかまわない

オタク的、アスペルガー的な人々がふえることに対しては、批判があったり、危険性を訴える考えもあります。

人間が抽象的な脳内空間で臨場感を高めることができるようになった弊害の一つかもしれませんが、最近の犯罪者のなかに、「ファンタジーの世界に行きたかった」との理由で人を殺す人がいるのは事実です。

ヴァーチャルな臨場感空間の重要性が高まっても、絶対にやってはいけない現実世界でのルールは押さえておかなければならない。いうまでもないことですが、人殺しはその最たるものです。

誤解を恐れずにいえば、人殺し以外のたいていのことはやってもかまわないと私は思います。けれども人殺しだけは、どうしたって責任をとることができません。「want to」だけをやれ、「have to」で生きるな、と私はつねにいっていますが、じつはそのうしろには重要な条件がついています。「ただし自己責任で」。子どもに話すときには、徹底的にそのことを教えます。

好きなことをやるのが何よりいちばんですが、ただし、そのすべてには自己責任がともなう。「自己責任」という言葉はあまりにも手垢《てあか》にまみれてしまったため、できることなら使いたくないのですが、それは絶対に否定できない前提条件なのです。

そして、人殺しだけは責任がとれない。なぜならば、他人が人の命の価値を決めることは不可能だからです。保険会社はあらゆるものに値段をつけますが、命には値段をつけられません。

値段をつけるためには、中身が何かを正確に把握する必要があります。しかし人間の頭の中身を正確に把握することなどだれにもできないのだから、値段をつけられるわけがない。そして人の命には値段がつけられないからこそ、それだけは絶対に奪ってはいけない。このような合意を、あらゆる国の人間社会はルールとして設け、子どものころから教え込んできたのです。これもまた「洗脳」だというのなら、それだけは解いてはならない。

ただし、そのほかのことは何をやってもいい。学校に行かずとも、会社に行かなくても、それは自己責任の範疇《はんちゅう》です。その限りにおいて、私たちが「want to」できることは、この世にいくらでもあるのです。

精神世界にも侵食する差別のシステム

ところで、この世に「差別」という概念があることを学んだのは、一九七〇年代の初頭、私が中学生だったころのことでした。当時、私はアメリカのボストン郊外に家族と住んでいました。

ボストン交響楽団の指揮者に小澤征爾氏が就任したばかりで、毎年夏になると親に連れられて、ボストン郊外のタングルウッドという田舎町に演奏を聴きに、泊まりにいったものです。その年の夏も、コンサートに家族で出かけたのですが、あるホテルに泊まろうと入ったところ、宿泊を断られました。そこで別のホテルに行ったところ、それまで「空室」の表示が出ていたのに、私たちの顔を見たとたんに「満室」に切り替えられてしまったのです。

ボストンは、リベラルな雰囲気にあふれたハーバード大学がある土地でありながら、ちょっと田舎に行くと、アメリカでもっとも保守的な地域でもあるのです。私たちはおそらく、黄色人種であることから差別されたのでしょう。父親が「差別された」ともすごく怒っていたことをいまでもよく覚えています。

私はそのときはじめて、差別という概念がこの世にあることを学びました。その経験がなければ、差別は決して対岸の火事ではなく、実際にわが身に降りかかるものであることに、実感をもてなかっただろうと思います。

差別という行為は、他人を自分とは違う存在とみなして排斥《はいせき》することです。「自分と同一でないものを排除する」のは、人間の本質ではなく動物の本性です。野生動物は自分たちの身を守るために、仲間どうしで身を寄せ合って生活するようになりました。天敵に独りで立ち向かうより、集団で戦ったほうが種として生き残る可能性が高まるからです。だから動物は、自分と同じ種の動物を仲間だと感じ、親愛の情を抱くようになったのです。

こうした進化は、動物が周りの環境に合わせることで身につけていった「最適化」の結果です。臨場感空間の共有に失敗した動物は、この「最適化」ができずに滅んでいったのです。

動物の進化の頂点にいる人間が、臨場感空間を共有して「空気を読む」動物であることは当然のことなのです。

しかし人間を人間たらしめているのは、物理的な臨場感空間に縛られずに、精神世界で自由を享受し、またそこでも臨場感空間を共有できることです。物理的な空間を超越した抽象空間でなんらかの価値を感じ取り、自分以外の利益に対しても意義を感じることができるのが、人間の人間たる所以《ゆえん》なのです。

つまり、他人の強制ではなく、みずから進んで「自分のためではなく他人のために尽くす」ことが、人間の本性なのです。

ところがこのような考えは、支配する側がもっとも嫌うことでもあります。人を支配する立場にいる人たちは、自分たちがボスとして無条件で君臨していられるサル山の頂点にいたい。だから彼らは、競争や格差、欲望に満ちあふれ、人を差別したり蹴落としたりしてこそ幸せになれる世界こそが自由で正しいとの価値観を、人々に植えつけようとします。

差別という感情は、こうして生み出されます。古今東西、歴史を紐解けば多くの地域に存在した身分制度は、まさしく支配を可能とする差別のシステムです。

そして戦後、支配者は人間の精神世界にも侵食し、差別のシステムを広げようとしています。それが、テレビをはじめとしたメディアなのです。

「空気を読め」は差別のシステム

たいへん不思議なことですが、日本の公立中学校や高校では、いまだに決まった制服を着用し、髪の毛の長さまで学校が管理している場合が少なくありません。

　そもそも学校の制服は、裕福な家庭の子どもと貧しい家庭の子どもとで、見た目に差がついて、いじめが起こることのないように導入されたとの説があります。しかしいまでは、ユニクロをはじめ、安いのに品質のよい衣服を買える量販店がありますので、経済的な側面ではむしろ制服のほうが高くつきます。

　また髪型についても、子どものころにヘアスタイルのような本質的でないものに気をとられすぎるのはよろしくないとのもっともな意見もありますが、いずれ自由になれば、気にする人は否が応にもカッコつけようとするのですから、早いうちから好きにさせればいいと思うのです。ところが学校によっては、いまだに「男子はスポーツ刈り」などと校則で決めているところがあるようです。

　教育勅語で育った戦前生まれの校長先生がいる学校でそれをやっているなら、まだわからなくもないのですが、若い先生たちのなかにも、そのような画一的管理型教育に疑念を抱くことなく指導に当たっている人がいるというのですから、驚きを禁じえません。

差別のシステム
=
空気読めよ!!
この世に読まなければならない
「空気」なんかない。

最近の日本人が「空気を読め」と他人に強要するようになった背景には、そうした教育制度の弊害があるのではないか。

こういう教育を幼いころから受けて育った子どもは、「大人のつくった画一的な価値こそが正しい」との考え方に洗脳されてしまいます。

そして、そのような画一的な価値＝空気を読むことが正しい人間のあり方であり、「人間社会には共通の空気、望ましい空気があるべきだ」との論理になんの疑念も抱かない人間に育ってしまうのです。

そしてしまいには、空気を読めない人間を「ＫＹ」と排除する、つまり、紛《まご》うかたなき「差別のシステム」を受け容れて、喜んでいるのです。

「一つの集団には、それにふさわしい一つの空気がある」と思うこと自体が洗脳の結果なのです。これを解くには、日本の教育システムそのものを変えないといけません。

もう一度いいます。

この世に、読まなければならない空気なんか本来ないのです。

イギリスとアメリカの支配層教育

管理教育、画一教育が行われているのは、なにも日本に限った話ではありません。

イギリスには、オックスフォードやケンブリッジといったエリート大学に学生を送り出していることで知られる、イートン・カレッジやハロウ・スクールといった有名なボーディングスクール（全寮制のパブリックスクール）があります。

そこでは生徒たちがみな、校章のついたブレザーを着用し、「自分たちは上流階級の一員である」ことを誇示しています。イギリスには階級制度がいまでも色濃く残存しており、王の下には貴族階級が、またナイトなどの爵位《しゃくい》もしっかりと存在します。上流階級の子弟はみなパブリックスクールに通い、そこで彼らはジェントルマンという名の「支配層」になるための哲学を叩き込まれるのです。

そもそもヨーロッパの貴族階級は、「どこかのだれかが自分のために働いてくれるから、自分はのんびりワインを飲み、趣味を楽しむ」といった生活が当たり前。彼らには元来「働かなければならない」との思想が最初からありません。朝から晩まで働かなければならないのは、彼らからすれば「奴隷の思想」なのです。

余談ですが、イギリスにはそうした階級制度に基づく「タブー」がいまもなお厳然と残っています。たとえば、どれほどの金持ちになっても、貴族以外はロールスロイスに乗ることが社会的に許されない行為とされます。同じ高級車でもジャガーはだれが乗ってもいいのですが、ロールスロイスは貴族の乗り物だと決まっているのです。

一般庶民がロールスロイスに乗ってもかまわないのは、日本くらいのものでしょう。よその国ではイギリスのカルチャーを知っているだけに、失礼だと思って乗らないのです。

またアメリカにも、プレップスクールと呼ばれるイギリスと同様のボーディングスクールがあり、上流階級の子弟は、ほとんどがそこで学びます。ジョージ・W・ブッシュ前大統領もボーディングスクールから名門のイェール大学に進学し、秘密結社であるスカル・アンド・ボーンズに入って学生時代を過ごしました。

そこで彼は特権階級の価値観を刷り込まれ、やがて大統領となり、イラク戦争を起こします。暴論かもしれませんが、私は彼がプレップスクールに通っていなければ、イラク戦争など起こさずにすんだのではないかと思います。アメリカが起こす戦争には、「白人のキリスト教徒以外は人間ではない」との差別思想のにおいが、どうしてもいまだにこびりついているように感じてならないのです。

日本の富裕層はニセモノである

こうしたイギリスやアメリカの一部の人々がいまだに保持しているスノビッシュな価値観が、日本にも影響を与えつつあります。最近、日本でも「富裕層向けメディア」を謳《うた》った雑誌がいくつか出てきましたが、これも格差社会の潮流に乗って、スノビッシュな価値観が浸透しつつある一つの表れといえるでしょう。

「年収五〇〇〇万円以上、金融資産一億円以上の人のみが読める」

会員制を売りにして、年間の購読料と富裕層向けの商品広告で儲けようとするこれらの雑誌の特集には、よく「子どもを世界のボーディングスクールに行かせましょう」といった記事が載っています。そうした記事の影響もあって、わが子をイギリスの全寮制パブリックスクールに入れたいと考える親は毎年のようにふえる傾向にあるようです。雑誌が煽《あお》るエリート主義的な風潮を、そのまま受け容れているわけです。

年収が多い人たちをターゲットにした「富裕層ビジネス」も広まっています。「限られた人だけを対象」に、金融情報や投資先の情報を提供して儲けようとするビジネスです。

格差の拡大にともない、マーケティング・セグメントとして、年収一億円くらいの人々を対象とした市場にビジネスチャンスが広がっているのかもしれませんが、私は二十一世紀の日本で、そのようなエリート主義的価値観を広めるのはやめてほしいと思うのです。

事務所に勝手に送られてくるいくつかの富裕層向け雑誌に私も目を通しましたが、そこで想定されている「富裕層」というのは、総資産額一億円ほどの人たちです。しかしその程度の資産は、世界レベルで見れば富裕層でもなんでもありません。

極論すれば、ヨーロッパの本物の貴族階級から見れば、たんなる「一般庶民」と変わらないのです。

先日、メキシコに行ったときのことです。プライベートジェットが集まる空港のラウンジで離陸を待っていたときに、そこに何気なく置いてある雑誌をめくったところ、それはプライベートジェットとクルーザーのカタログでした。

そのカタログはつまり、待合室にいる金持ちたちに、「次に買うジェットはどれにしようか」と選んでもらうための広告なのです。その人たちは、プライベートジェットで世界各国にある自分の別荘にやってきては、クルーザーで遊ぶ。プライベートジェットは一機三〇億円から四〇億円は下らないのですから、資産一億円程度の人にはとうてい手が出ない「超高級品」です。

プライベートジェットとクルーザー、そしてカリブ海に別荘を所有するような人は、数百億円の資産をもっているはずです。それくらいの人たちを指して、世界では富裕層と呼ぶのです。

年収一億円は、破綻した投資銀行のリーマン・ブラザーズの三十代の社員が、ふつうに年収でもらっていた額です。高い成果を上げている人のなかには、もっと高い年収の人もざらにいました。それでも、そういったビジネスマンを「富裕層」とは呼びません。決して日本人をバカにしたいのではありません。日本の富裕層のレベルがあまりに低すぎる。日本の資本主義は、いわば「ミニチュア資本主義」なのです。

本物の資本主義を知らずに、小さな島国のなかで「アイツは貧乏だ」「自分は金持ちだ」と、どんぐりの背くらべにもかかわらず「差別」の意識が広まるのは、はたして健全なのでしょうか。

「お金がすべて」を徹底するからこそフェアなアメリカの金権政治

アメリカは日本など及びもつかない格差大国です。二億人いるアメリカ国民の多くが農民で、日本人の平均年収よりも圧倒的に低い人がたくさんいます。一方で国民のほんのひと握りに、ものすごいレベルの大金持ちがいる。彼らがいわゆる富裕層です。

アメリカはどれくらい金を稼いでいるか、所得の金額で階層が決まる完全なる「お金がすべて」の国です。金銭第一主義といえば世知辛《せちがら》く感じますが、だからこそフェアな社会がアメリカでは実現できていると見ることもできます。

もちろんアメリカにも金権政治や、出自による差別は若干ありますが、黒人のバラク・オバマが大統領になったことを見てもわかるように、いまのアメリカは基本的にはフェアな精神を大切にしようとする国民性が備わっています。

アメリカでは、その人が生まれついての金持ちかどうかはどうでもいいのです。大統領選挙に出馬するには、いくら金をもっていようが歯が立たないほど、途方もない資金が必要となります。金持ちだから権力を握れるという単純な構造ではありません。よって国民から莫大な献金を集めなければ選挙に出馬できない。

アメリカがフェアなのは、「政治は金だ」とはっきりいっている点です。「私は大統領になったらこういう政策を行います。それに賛成の人は私に寄付してください」と、堂々と寄付を募り、ごくふつうの一般庶民が、一ドルという少額から寄付をする。政治献金は個人が行うとの考え方も徹底しています。

そして寄付した側も、いくら寄付したかによって、きちんと優遇されるようになっています。「お金を払ったのだから当たり前」との考えです。いわば株主として企業に投資したようなものです。

二〇〇九年一月、アメリカ大統領にバラク・オバマ氏が就任しましたが、それに先立つ民主党の指名選挙で、オバマ氏はヒラリー・クリントン氏と激しく争いました。インターネットを巧みに使って、個人から小口の献金を集めたオバマ陣営が多くの資金を得て結果的に勝利しますが、一方、もともと大金持ちのクリントン陣営は資金が尽きて、印刷会社への未払いまで起こしました。

アメリカでは、いかに国民から金を集めるかが、政治家としてどれだけ支持を集めたかの指標でもあるのです。

アメリカでも政治家の世襲はありますが、それはせいぜい一代、二代の話。日本のように何代も前の先祖が殿様であるとか、先祖が何県出身だとか、出身による差別意識はまったくありません。

なぜ日本人は借金をしつづけられるのか

それに対して日本の政治は、表と裏がまったく異なる「建て前」の世界です。

ある党の議員が大学生にアルバイト代を渡したのが発覚し、議員辞職せざるをえなくなったという事件がありました。実際には多くの政治家がやっていることなのでしょうが、表に出なければかまわない。たいていの政治家にいわせれば、その事件は「たまたま運が悪かった」というのが本音でしょう。

「政治と金のつながりは厳しく取り締まらなければならない」と最近はどの政党も主張していますが、それは建て前という名のウソ。政治は金そのものなのですから。

実際、日本の選挙制度では、「自分自身がいくら金をもっているか」で当落が決まります。

まず日本では、選挙に出馬するためには最低三〇〇万円の預託金が必要となる。そのほかにも選挙直前にはポスターやチラシの印刷代、ウグイス嬢やポスター張りの労務者報酬、選挙事務所の家賃、通信費、看板や新聞などの広告費など、さらには一、二年程度の事前活動を維持するための諸々の費用を合算すると、地方の議会選挙に出るためでも最低三千数百万円はかかるはずです。

一般のサラリーマンが三〇〇〇万円の金額を気軽に用意するのは、ほぼ不可能。しかもこれは地方自治体の議員の話で、国政をめざし衆議院議員に立候補するのであれば、一、二年でざっと一億円の現金が不可欠だとされます。

実際にはそれだけの資金が必要なことは明らかなのに、選挙活動でスタッフにアルバイト代として一万円を渡したら、公職選挙法違反で捕まってしまう。

このこと一つとってもわかるように、日本の政治には、素人にはわからない表と裏の世界があり、徹底的に建て前と本音を使い分けるのです。その微妙な使い分けができる玄人《くろうと》以外が政治に手を出そうとすると、すぐに排除されてしまうようにできている。

だから日本の場合、生まれついての金持ちが政治を独占しています。エスタブリッシュメントのお金持ちしか政界には入れない構造になっているのです。このところの歴代首相をふりかえっても、結局は三代、四代続く政治家一家です。私が以前から「薩長勢力」と呼んで批判している人々しか事実上、政治の世界には入れないのです。

こうした固定化した構造が続いていくことが、いかに社会にとってリスキーか、多くの国民が認識しなければなりません。近代民主主義が否定してきた「貴族階級」の固定化が、いまだに大手を振って行われているのが、じつは日本という国の現状なのです。

こうした国の現状をつぶさに観察していると、明確な根拠があるわけではありませんが、現代の日本人と江戸時代の日本人をくらべて、はたしてどちらのほうが豊かな暮らしをしているのかと想像したくもなります。

労働時間でいえば、明らかにいまの労働者のほうがはるかに長いでしょう。

可処分所得でいっても、農民はともかく、江戸時代の町民よりはおそらく現代の日本人のほうが貧しいのではないかと思います。というのは、現代人は税金を払わなければなりませんし、クレジットカードなどで買い物をしたりローンを組めば、そのぶんの金利も払わなければいけないからです。

日本には一四〇〇兆円の個人資産があるそうですが、経済学の基本は「だれかの資産は、だれかの借金」です。つまり一四〇〇兆円ぶんの借金をだれかがしている。そのだれかにはアメリカ人や中国人も含まれるでしょうが、多くは日本の企業や銀行、そして日本国自身です。

つまり日本国民はお互いに借金をし合っているわけですが、そこには当然、膨大な金利がかかってきます。それだけの金利を払いながら、さらに国には税金を払わなければならない。

そういうシステムで日本は国を運営しているので、これだけマネーサプライが大きくなった結果、金利を払うだけのために国民は働いているようなものです。

つまり、ほとんどの現代日本人は貧乏なのですが、そう思わないように巧妙にだまされていて、長時間働き詰めでありながら貧しい状態がコンフォートゾーンになるように洗脳されているのです。

二〇〇八年末に起こった世界金融危機により、アメリカの投資銀行リーマン・ブラザーズが破綻しましたが、野村ホールディングスがそのアジア・太平洋部門と欧州部門を買い取りました。何千人という雇用をそのまま引き継ぎましたが、それにかかる費用のほとんどは職員たちに支払うボーナスだったと聞きます。彼らが辞めてほかの会社に引き抜かれないために、何千億円もの額を支払ったのです。

自分の国の銀行が赤字で、自社のボーナスも下がっているのに、潰れた会社の潰した張本人たちに巨額のボーナスを払うのですから、日本がアメリカの属国であり「奴隷」

であるといわれても無理はありません。

詐欺と化した資本主義

現在の日本企業の新入社員の月給は、平均すると二〇万円そこそこ。年収に直せば二百数十万円から三〇〇万円を少し切るくらいの金額です。

それに対して大手企業の社長や銀行の頭取の年収は、三〇〇〇万円から六〇〇〇万円くらい。新入社員の一〇倍から二〇倍の金額になります。日本の企業社会では一億円を超える給与を個人が得ると、株主総会で糾弾《きゅうだん》されますので、経営トップであってもそれくらいの年収に抑えるのです。

じつはこれは、アメリカの経営者にくらべるとあまりにも少なすぎる。今日、大学を出たばかりの新入社員と、取引先や従業員から訴訟のリスクを負い、下手をすれば莫大な借金を負うかもしれない代表取締役の給料がたかだか一〇倍、二〇倍の差というのは、あまりに少なすぎるのです。つまり日本は、資本主義と呼ぶよりは社会主義に近い国なのです。

それに対してアメリカでは、トップのCEOが受け取る報酬が、従業員の一〇〇倍、一〇〇〇倍というのもめずらしくありません。

それはそれで問題もあって、サブプライム問題の元凶をつくった企業の一つであるアメリカのAIGは、潰れかかって公的資金に助けを求めたにもかかわらず、その直後に合わせて七八億円ものボーナスが数十人の経営幹部に支払われたといいます。

さすがにこれはアメリカ国内でも大きな問題となり、「恥を知れ」と大きな非難を浴びました。しかし経営幹部からすれば、そのボーナスは「安い」と思っていたのです。前年までは一人に対して一〇億円、場合によっては一〇〇億もの額が支払われていたのですから、それにくらべればたしかに安い。

だから彼らにしてみれば、「こんなに安いボーナスに引き下げました」とのアピールのつもりだったらしいのですが、一般庶民からすれば信じられない金額だったわけです。

ともかく世界金融危機により、これまでアメリカが牽引《けんいん》してきた「金融資本主義」の限界がはっきりと見えました。日本のような「社会主義」も問題ですが、欧米が進めてきた「行きすぎた資本主義」も破綻し、世界は新たな資本主義システムのありようを模索しています。

はたして「金融資本主義」の何がいけないのでしょうか。

これについては多くの専門家がさまざまに指摘していますが、素人なりに私の考えをまとめてみたいと思います。

本来、お金という存在は「金」（ゴールド）などの実体と兌換《だかん》できる本位制をとってはじめて成立する制度でした。何かしら有限なものの裏づけが必要だったのです。

日本においてもバブルの時代は、事実上の「不動産本位制」だったといえます。不動産という有限のものを担保にして、資金を出し合って経済活動を行っていました。

そうした金や不動産などの実体の裏づけがあった時代は、経済が過熱してバブルになっても、それほどまでに悲惨な事態にはならなかった。しかし「金融資本主義」という詐欺《さぎ》が横行するようになって、事態は一変します。

アメリカが一九七一年に、ニクソン・ショックによりドルとゴールドの交換をやめて変動相場制を導入してから、「金はいくらでも刷っていい」存在になりました。

それからアメリカは準備預金制度、ＢＩＳ規制（国際業務を行う銀行の自己資本比率に関する国際統一基準）というルールの外側に、デリバティブ、ヘッジファンドの世界をつくりだします。そこではいっさいのルールの制約なしに、五〇倍から一〇〇倍、ものによっては一〇〇〇倍のレバレッジを効かせて経済活動を行うことができるようになりました。

そして投資銀行やヘッジファンドによるレバレッジをかけた投資が、さらなるレバレッジを呼び、事実上、無限に金額が膨らんでいくことになります。それが一気に弾けたのが今回のリーマン・ショックだったわけです。

金を無限に刷ってよいと認めてしまった金融資本主義は、本質的には詐欺以外の何物でもないのです。

この金融資本主義の大きな問題は、じつはほかにもあります。この仕組みは先進国だけに都合がよく、途上国の論理が完全に無視されているのです。

金融資本主義では「トリクルダウン効果」ということがしばしばいわれます。一部の超富裕層が莫大な金を使うことで新たな雇用が生まれ、金が上から下にまで流れていくことにより、国民全体が潤《うるお》っていくというのがその理屈です。

しかしこれは、途上国では画に描いた餅。腐敗した官僚や政治家が実権を握っている場合が多い途上国では、莫大な金額の賄賂《わいろ》が動いており、投資されてもきちんと資金が流れずに、一部の権力者の懐を潤すだけに終わるからです。

お金で買えないものはある

リーマン・ショック以降、お金がただの紙っぺらにすぎないことを、多くの日本人も気づいたはずです。お金には絶対的な価値があると、これまで思わされてきましたが、それも洗脳にすぎなかったのです。

お金や不動産に投資するのも本質的には意味がありません。私はかつてイスラエルに旅行したことがありますが、そのときにドライブしたウエストバンクという地域は、十数年前まではヨルダンの領土だったと聞きました。「動くことがない」から「不動産」

と名づけられている土地だって、国境が引きなおされてしまったら、それでおしまいなのです。

だから私は真に意味がある投資は、教育しかないと思っています。教育によって、真に付加価値のあるものをつくりだせる人間を育てることが、これからの日本人が世界で幸せに生きていく道なのです。

アメリカという国はここ十数年、まずはＩＴ産業で世界の覇権を握り、その次には金融工学で世界経済を動かそうとしましたが、ついにその化けの皮がはがれて、現在でもドル暴落の危機がささやかれています。アメリカを長いあいだ支えてきた自動車産業はＧＭをはじめ次々と破綻し、ほとんど国有化状態にまでなりました。

「ものづくり」を軽視して国力を失いつつあるアメリカを他山の石として、日本ではものづくり再生の機運が起こりつつあります。しかしこれからは、物理的に手で触れるモノをつくる仕事だけが「ものづくり」ではないことを忘れてはなりません。

映像や音楽、文学、アニメや演劇、絵画、あるいはコンピュータプログラムなど、手に触れることのできない仮想空間のコンテンツに付加価値を生み出す新しいビジネスモデルが、今後の日本を支えていくことはまちがいありません。

金融の仕事は突き詰めれば、たんにお金を刷るだけの仕事です。そこには何一つとして新しく生み出される価値はありません。資本主義が詐欺へと変貌したのは、前述のように資本家が自分たちでお金を刷りはじめたときからです。ほんの少し前にMBAを取ったばかりの若者がインチキ債権を売りさばき、何億円ものボーナスをもらっていた時代は終わったのです。

私たちの人生は有限であり、労働時間はきわめて限られた有限の資産です。

これからの時代は、自分のアウトプットを自分のためだけに使うお金に換えるような生き方は、軽蔑されるようになっていくでしょう。自分のアウトプットを、ほかの人のアウトプットに換えるような活動をしていくべきなのです。

私はジャストシステムにいた一九九一年ころに、社員に向けた冊子で「情報空間の付加価値を交換できる兌換紙幣をつくるべきだ」との考えから、「ベチユニット」という概念を発表しました。自分の労働価値とお金を交換するのではなく、自分の労働価値と他人の労働価値を交換する仕組みをつくることができれば、人々を金という呪縛《じゅばく》から解き放つことができると考えたからです。

皮肉にも、日本は第二次世界大戦で完膚《かんぷ》なきまでに敗北したことで、世界でもまれな平和憲法をもつことができました。当時のアメリカの法学者たちが、自分たちの国でつくれなかった理想の憲法を投影したのが、日本国憲法なのです。

現在、日本は世界有数の先進国でありながら、閉塞感に覆われて、世界のなかでの存在感を高められずにいます。しかし日本という国の成り立ちを考えてみると、何千年もの歴史をもちながら、もっとも先進的な憲法の下で、アメリカでもやれなかった「完全に近代的な自由主義国家をつくる」ことにチャレンジできる国でもあるのです。

そういう国が、イギリスに残る貴族階級の暮らしや、アメリカの詐欺的な金融資本主義の真似をする必要などありません。

そうした他人の画一的な価値観を、メディアで特集されているからと、空気を読んで受け容れるのは、差別のシステムを容認することなのです。

「一人ひとりが当たり前のように違い」「一人ひとりの価値は自分で決めてよく」「だれが上でだれが下でもない」、そんな価値観を標榜《ひょうぼう》する国に日本はなっていくべきです。

お金で買えないものはない。
あなたはテレビの洗脳によって、そんな価値観をいまだに信じてはいませんか？

イラスト――桂　早眞花
編集協力――オフィス1975

PHP新書
PHP INTERFACE
http://www.php.co.jp/

苫米地英人［とまべち・ひでと］

1959年東京都生まれ。脳機能学者、計算言語学者、認知心理学者、分析哲学者。上智大学外国語学部卒業後、三菱地所に入社。2年後イェール大学大学院に留学。同大学人工知能研究所、認知科学研究所研究員を経て、カーネギーメロン大学大学院に転入。計算言語学の博士号を取得する（日本人初）。帰国後、徳島大学助教授、ジャストシステム基礎研究所所長、通商産業省情報処理振興審議会専門委員などを歴任。現在は（株）ドクター苫米地ワークス代表、コグニティブリサーチラボ（株）CEO、天台宗ハワイ別院国際部長。在学中に世界初の音声通訳システムを開発、オウム真理教信者の脱洗脳や、各国政府のテロリストによる洗脳防止訓練プラグラムの開発・指導、能力開発プログラム「PX2」の日本向けアレンジと、その活動は多岐にわたる。

おもな著書に『洗脳原論』（春秋社）、『脳と心の洗い方』『英語は逆から学べ！』（以上、フォレスト出版）、『心の操縦術』（PHP文庫）など多数ある。

テレビは見てはいけない（PHP新書629）

脱・奴隷の生き方

二〇〇九年九月二十九日 第一版第一刷

著者——苫米地英人
発行者——江口克彦
発行所——PHP研究所
東京本部——〒102-8331 千代田区一番町21
新書出版部 ☎03-3239-6298（編集）
普及一部 ☎03-3239-6233（販売）
京都本部——〒601-8411 京都市南区西九条北ノ内町11
組版——株式会社編集社
装幀者——芦澤泰偉＋児崎雅淑
印刷所
製本所——図書印刷株式会社

ISBN978-4-569-69993-6

PHP新書刊行にあたって

「繁栄を通じて平和と幸福を」(PEACE and HAPPINESS through PROSPERITY)の願いのもと、PHP研究所が創設されて今年で五十周年を迎えます。その歩みは、日本人が先の戦争を乗り越え、並々ならぬ努力を続けて、今日の繁栄を築き上げてきた軌跡に重なります。

しかし、平和で豊かな生活を手にした現在、多くの日本人は、自分が何のために生きているのか、どのように生きていきたいのかを、見失いつつあるように思われます。そして、その間にも、日本国内や世界のみならず地球規模での大きな変化が日々生起し、解決すべき問題となって私たちのもとに押し寄せてきます。

このような時代に人生の確かな価値を見出し、生きる喜びに満ちあふれた社会を実現するために、いま何が求められているのでしょうか。それは、先達が培ってきた知恵を紡ぎ直すこと、その上で自分たち一人一人がおかれた現実と進むべき未来について丹念に考えていくこと以外にはありません。

その営みは、単なる知識に終わらない深い思索へ、そしてよく生きるための哲学への旅でもあります。弊所が創設五十周年を迎えましたのを機に、PHP新書を創刊し、この新たな旅を読者と共に歩んでいきたいと思っています。多くの読者の共感と支援を心よりお願いいたします。

一九九六年十月

PHP研究所